No caminho com Jesus
Catecumenato Crismal

Dados Internacionais de Catalogação na Publicação (CIP)
(Câmara Brasileira do Livro, SP, Brasil)

No caminho com Jesus : catecumenato crismal : volume 2 : catequizando / organização Ir. Angela Soldera, Pe. Rodrigo Favero Celeste. – Petrópolis, RJ : Vozes, 2023. – (Coleção no Caminho com Jesus)

1ª reimpressão, 2025.

ISBN 978-65-5713-974-5

1. Catecumenato 2. Catequese – Igreja Católica 3. Cristianismo 4. Ritos de iniciação I. Soldera, Ir. Angela. II. Celeste, Pe. Rodrigo Favero. III. Série.

23-151139   CDD-268.82

Índices para catálogo sistemático:
1. Catecumenato : Iniciação cristã : Igreja Católica
268.82
Tábata Alves da Silva – Bibliotecária – CRB-8/9253

Arquidiocese de Londrina

Ir. Angela Soldera
Pe. Rodrigo Favero Celeste
(Organizadores)

No caminho com Jesus
Catecumenato Crismal

Volume 2 – Catequizando

Equipe de elaboradores

Aparecida Peixoto da Silva
Belmira Apparecida da Silva de Souza
Valéria Queiróz Pereira
Ir. Luciana de Almeida
Maria Nilza Rodrigues Mattos
Vitor Henrique dos Santos
Ir. Angela Soldera

EDITORA VOZES

Petrópolis

© 2023, Editora Vozes Ltda.
Rua Frei Luís, 100
25689-900 Petrópolis, RJ
www.vozes.com.br
Brasil

Todos os direitos reservados. Nenhuma parte desta obra poderá ser reproduzida ou transmitida por qualquer forma e/ou quaisquer meios (eletrônico ou mecânico, incluindo fotocópia e gravação) ou arquivada em qualquer sistema ou banco de dados sem permissão escrita da editora.

CONSELHO EDITORIAL

Diretor
Volney J. Berkenbrock

Editores
Aline dos Santos Carneiro
Edrian Josué Pasini
Marilac Loraine Oleniki
Welder Lancieri Marchini

Conselheiros
Elói Dionísio Piva
Francisco Morás
Teobaldo Heidemann
Thiago Alexandre Hayakawa

Secretário executivo
Leonardo A.R.T. dos Santos

PRODUÇÃO EDITORIAL
Anna Catharina Miranda
Bianca Gribel
Eric Parrot
Jailson Scota
Marcelo Telles
Mirela de Oliveira
Natália França
Priscilla A.F. Alves
Rafael de Oliveira
Samuel Rezende
Verônica M. Guedes
Vitória Firmino

Diagramação: Victor Mauricio Bello
Revisão gráfica: Jhary Artiolli
Capa: Editora Vozes

ISBN 978-65-5713-974-5

Este livro foi composto e impresso pela Editora Vozes Ltda.

APRESENTAÇÃO

Querido(a) catequizando(a),

Você escolheu ser amigo de Jesus, conhecendo e se encantando pela sua vida e história. Durante esta caminhada, te convidamos a ser um verdadeiro discípulo, ouvindo a Palavra de Deus para fortalecer a sua fé, criando lindos laços de afetividade com seus amigos, e também aprendendo a cuidar daqueles que mais necessitam.

Neste livro, anote as suas memórias e tudo aquilo que você aprender e vivenciar durante cada encontro de catequese. Faça isso com muito carinho!

Desejamos que a sua vivência dentro desta Santa Igreja seja de muitos aprendizados e boas lembranças. Que você tenha cada vez mais a paz de Jesus e o amor de Deus em sua vida, e que possa receber a graça do Espírito Santo no sacramento da Confirmação (Crisma)

Parabéns por este compromisso que você está assumindo!
Boa catequese!

DADOS PESSOAIS

Nome:

Endereço

Rua: Nº:

Bairro:

Telefone:

E-mail:

Nome dos pais ou responsáveis:

Comunidade/Paróquia:

Nome do(s) catequista(s):

SUMÁRIO

2° TEMPO – CONTINUIDADE DO CATECUMENATO

1° Encontro: Senhor, aqui estou! Deus nos chama para uma missão, **10**

2° Encontro: Chamados a conhecer e seguir o projeto de Jesus, **13**

3° Encontro: Jesus nos revela o Pai, **16**

4° Encontro: Jesus é o fundamento da nossa vida, **20**

5° Encontro: Ser cristão é uma escolha pessoal de vida, **24**

6° Encontro: Creio: fundamento da nossa fé, **27**

7° Encontro: Jesus promete o seu Espírito, **30**

8° Encontro: O Espírito Santo anima a Igreja, **33**

9° Encontro: Os dons do Espírito em nossa vida, **36**

10° Encontro: Sacramentos: sinais da presença e do amor de Deus, **39**

11° Encontro: O Batismo, novo nascimento em Cristo, **44**

12° Encontro: O Sacramento da Crisma: configuração mais plenamente a Cristo, **47**

13° Encontro: Confirmados para sermos fortes na fé cristã, **50**

14° Encontro: Confissão: reconciliados com Deus e com os irmãos, **54**

15° Encontro: Deus visita seu povo, **58**

16° Encontro: Advento, tempo de vigilância e espera, **61**

17° Encontro: O Espírito Santo age em Maria, **65**

3° TEMPO – PURIFICAÇÃO E ILUMINAÇÃO – TEMPO QUARESMAL

18° Encontro: Quaresma, tempo de renovação, mudança de vida, **70**

19° Encontro: Quaresma, tempo de fraternidade, **73**

20° Encontro: Jesus doa a sua vida por amor, **77**

21° Encontro: Tríduo Pascal, **81**

22° Encontro: Vigília Pascal: Páscoa cristã, **84**

4° TEMPO – MISTAGOGIA

23° Encontro: Jesus nos chama a ressuscitar com Ele , **90**

24° Encontro: O Ressuscitado nos enviou seu Espírito, **94**

25° Encontro: Os frutos do Espírito Santo em nossa vida, **97**

26° Encontro: Bem-aventuranças, caminho de felicidade, **100**

27° Encontro: O Espírito Santo nos ensina a sermos promotores da vida, **103**

28° Encontro: A missa: celebração do povo de Deus, **106**

29° Encontro: Domingo, o dia do Senhor, **110**

30° Encontro: Dízimo: uma contribuição de amor, **114**

ANEXOS

1 Principais orações do cristão, **120**

2 O que é importante você conhecer, **125**

2º TEMPO

CONTINUIDADE DO CATECUMENATO

1º ENCONTRO

SENHOR, AQUI ESTOU! DEUS NOS CHAMA PARA UMA MISSÃO

SE LIGA

PELO NOME, SOMOS CONHECIDOS E IDENTIFICADOS. Mas, diferente dos padrões humanos, Deus nos chama pelo nome porque nos conhece, nos ama e quer ser nosso amigo.

Deus fala de diversas maneiras para se revelar a seus filhos e filhas. O faz por meio de sua palavra, das pessoas e dos acontecimentos.

Assim aconteceu com Samuel, filho de Ana e Elcana, que foi consagrado para o serviço sacerdotal ainda criança e passou a viver no Santuário, sob os cuidados do sacerdote Eli. Uma das funções de Samuel era manter a lâmpada acesa. Sua mãe, Ana, o levou para o Santuário, que era o centro, o lugar religioso do povo, quando ele ainda era uma criança. Samuel era a resposta de Deus para Ana, que não podia ter filhos, ele era um milagre e foi consagrado ao Senhor.

Certa noite, em meio ao silêncio, Samuel ouviu uma voz chamando seu nome e pensou que fosse Eli, que era bem idoso e quase cego. Levantou-se, e, por três vezes chamado, foi ao encontro de Eli, pensando ser dele a voz que ouvia. Eli, percebendo que era o Senhor quem o chamava, orientou que, diante de outro chamado, respondesse: "Senhor, fala, que teu servo escuta!" (1 Samuel, 3,9).

Aquela noite foi um marco na vida de Samuel. A partir daquele momento, ele passou a conhecer o Senhor de uma forma especial, tornando-se um profeta de Deus.

1. OLHANDO PARA A VIDA

Converse com seu grupo sobre:
- ✓ O que você espera da catequese neste ano?
- ✓ O que você sente quando alguém te chama carinhosamente pelo seu nome?
- ✓ Como você reage ao ser chamado? Por quê?

2. ORAÇÃO INICIAL

- ✓ Faça o sinal da cruz e, com seu grupo de catequese, reze:

Senhor, ajuda-me a perceber o teu chamado. Eu Te agradeço porque me conheces e me chamas pelo nome. Sei que me queres bem como filho(a). Obrigado, Deus Pai, pelo amor que Tu tens por mim.

3. ESCUTANDO A PALAVRA

- ✓ Proclamação do texto bíblico de 1Sm 3,1-10.
- ✓ Leia o texto bíblico, seguindo a orientação do catequista.
- ✓ Repita as palavras ou frases do texto que mais chamaram a sua atenção.

PENSE E ANOTE:

a Quem chamou Samuel?

b Quantas vezes Samuel ouviu o chamado?

c O que Eli disse a Samuel?

d O que finalmente Samuel respondeu a Deus?

4. MEDITANDO A PALAVRA

- ✓ Qual ensinamento o texto bíblico te dá?
- ✓ O que nós escutamos no nosso dia a dia? Quem chama mais alto? Quem escutamos?
- ✓ Como você pode ouvir o chamado de Deus no mundo de hoje?

✓ Qual é sua resposta diante do chamado de Deus?

● Faça suas anotações

----

5. REZANDO COM A PALAVRA

Depois de ter lido e meditado a Palavra, silencie para conversar com Deus.

✓ O que a Palavra faz você dizer a Deus?

✓ Que oração você pode agora dirigir a Ele? De agradecimento, de louvor, de perdão? Escreva sua oração.

Deus está sempre atento aos nossos pedidos e sabe o momento certo de nos atender.

Com todo o grupo, reze um Pai-nosso e dez Ave-Marias para que o Senhor desperte vocações leigas, sacerdotais e religiosas a serviço do reino.

6. VIVENDO A PALAVRA

✓ Durante a semana, junto com à família, reze por todas as pessoas que são profetas e que dão testemunho de vida hoje.

✓ Convide sua família a dizer, após as orações da semana, como Samuel: *"Senhor, fala, o teu servo escuta!"*.

LEMBRETE

2º ENCONTRO

CHAMADOS A CONHECER E SEGUIR O PROJETO DE JESUS

SE LIGA

JESUS ANUNCIA O REINO DE DEUS, uma proposta de vida justa e de paz.

Jesus percorre os caminhos dos povoados e aldeias, para difundir o Reino de Deus em toda parte, proclamando e anunciando a boa notícia a todos.

Seu objetivo era contribuir para que se implantasse, o quanto antes, o Reino de Deus. Seguindo a tradição e o exemplo dos grandes profetas, Jesus entende o Reino de Deus como um reino de vida, de justiça e de paz. Deus quer vida para todos (Is 35,5-6; 61,1). A pregação de Jesus, sua prática e seu testemunho faziam com que as pessoas tivessem uma vida mais digna, uma sociedade mais justa, a libertação do mal, abrindo caminhos para acolher e promover o Reino de Deus. É isso que Jesus sempre buscou comunicar com sua palavra e seus ensinamentos.

1. OLHANDO PARA A VIDA

Converse com seu grupo sobre:
- ✓ Como está sua participação nas celebrações e na vida da comunidade?
- ✓ Como foi vivido o compromisso proposto no encontro anterior, com sua família?

2. ORAÇÃO INICIAL

✓ Trace o sinal da cruz e, olhando para os símbolos que seu catequista preparou para este encontro, faça uma oração pessoal, em silêncio.

3. ESCUTANDO A PALAVRA

✓ Faça silêncio, preparando-se para escutar a Palavra de Deus.
✓ Proclamação do Evangelho segundo São Mateus 4,23-25.
✓ Em silêncio, leia o texto que foi proclamado.

PENSE E ANOTE:

a) Sobre o que o texto está falando?
b) O que Jesus ensina nessa passagem do Evangelho?
c) Qual era a atitude de Jesus diante dos necessitados?

4. MEDITANDO A PALAVRA

✓ Qual frase do texto mais chamou a sua atenção?
✓ Qual é a mensagem de Jesus para você?
✓ Quem são os enfermos e excluídos na sociedade de hoje?
✓ Reflita sobre a atitude de Jesus, olhando para as imagens apresentadas por seu catequista.

● Faça suas anotações.

5. REZANDO COM A PALAVRA

- ✓ O que você quer dizer a Deus neste momento?
- ✓ Quais atitudes é preciso ter para pertencer ao Reino de Deus?
- ✓ Faça sua oração e escreva para depois partilhar no grupo.

Reze com seu grupo o Salmo 146(145).

6. VIVENDO A PALAVRA

- ✓ Assuma, junto com seu grupo, um compromisso para viver durante a semana.

Sugestões: visitar um doente ou uma pessoa carente e verificar como podem ajudar.

LEMBRETE

3º ENCONTRO

JESUS NOS REVELA O PAI

SE LIGA

JESUS NOS ANIMA E ENCORAJA a fortalecer a nossa fé em Deus e a crer Nele.

No anseio de sua partida para retornar ao Pai, após ter cumprido sua missão, Jesus prepara os discípulos e as comunidades para viverem sem a sua presença física. Jesus comunica palavras de conforto aos seus discípulos, visto que eles não haviam compreendido totalmente que estava chegando a hora de o Filho partir para junto ao Pai. Sua insistência em proferir palavras de ânimo tinha o intuito de encorajá-los e fortalecê-los na fé, enquanto ainda estava presente fisicamente em meio a eles. Reforça o seu pedido, dizendo que, além de crer em Deus, deviam crer também Nele (Jo 14,1). Podemos crer em Cristo porque Ele mesmo é Deus. Foi o verbo encarnado, o único que viu o Pai, e assim pode revelá-lo aos homens (cf. CIgC n. 151).

Jesus faz uma promessa, nos afirmando que: "Na casa de meu Pai há muitas moradas" (Jo 14,2). Ele vai à frente para preparar um lugar, para que, um dia, todos estejam junto a Ele, na eternidade. Embora os discípulos conhecessem o caminho (Jo 14,4), ainda era preciso caminhar mais um pouco, seguindo as orientações de seu mestre, servindo a Deus com amor e dedicação, para entenderem profundamente a proposta de Jesus. Isso ficou bem evidente quando Tomé afirmou desconhecer o caminho (Jo 14,5). Jesus, com toda paciência de um mestre, ensina novamente Tomé, dizendo: "Eu sou o caminho, a verdade e a vida" (Jo 14,6).

1. OLHANDO PARA A VIDA

Partilhe com o grupo sobre a semana que passou:
- ✓ O que viveram que foi bom? Tiveram dificuldades para enfrentar?
- ✓ Como você vivenciou o compromisso escolhido pelo grupo no encontro anterior?

2. ORAÇÃO INICIAL

- ✓ Faça o sinal da cruz, iniciando esse momento orante, e reze com o grupo:

Senhor, abre nossa mente e nosso coração para compreendermos teus ensinamentos e reconhecermos em Ti o rosto humano de Deus.

3. ESCUTANDO A PALAVRA

- ✓ Proclamação do Evangelho segundo São João 14,8-14.

PENSE E ANOTE:

- a) Quais são os personagens do texto?
- b) O que Filipe disse a Jesus?
- c) O que Jesus respondeu a Filipe?

---

4. MEDITANDO A PALAVRA

- ✓ O que chamou a sua atenção nesse texto?
- ✓ O que Jesus ensina?
- ✓ O que o texto diz para você?
- ✓ Como essa Palavra nos ajuda a olhar para a realidade da Igreja, do mundo e da nossa comunidade cristã?

● Faça suas anotações.

5. REZANDO COM A PALAVRA

✓ O que você quer dizer a Deus?
✓ Em silêncio, reze e escreva sua oração pessoal.

Agradecemos a Deus que se revelou a nós na pessoa do Filho, Jesus e n'Ele se fez presente em nossas vidas, dizendo: *Pai nosso...*

6. VIVENDO A PALAVRA

✓ Em casa, com a família, leia o texto de Jo 14,8-14, medite e identifique qual mensagem fica para sua vida e de sua família. Anote o que acharam importante na reflexão, para partilhar com o grupo no próximo encontro.

LEMBRETE

ANOTAÇÕES PESSOAIS

4º ENCONTRO

JESUS É O FUNDAMENTO DA NOSSA VIDA

SE LIGA

JESUS, AO CONTAR PARÁBOLAS, sempre usava como exemplo coisas e imagens com as quais o povo tinha contato e que já conhecia.

Jesus usa como cenário natural o mar da Galileia ao contar a história sobre dois homens que tinham o mesmo desejo: construir suas casas. Um construiu sábia e prudentemente sua casa sobre a rocha, para que pudesse resistir às tempestades de inverno. O insensato já não pensou da mesma forma, construiu sua casa sobre areia. Pela forma como a construiu, nunca pensou que um dia sua casa poderia ser colocada severamente à prova.

A casa é um lugar muito especial para se viver. Nela, encontramos segurança, abrigo, paz, porque estamos protegidos dos ventos e das tempestades. Toda construção necessita de planejamento, de projeto, de escolha fundamental para que não desabe com os ventos fortes. A única diferença entre os projetos elaborados entre os construtores e suas casas são os alicerces sobre os quais escolheram construir: um sobre a rocha; o outro, sobre a areia. O que parece é que, antes das tempestades caírem, ambos os construtores pareciam ter tido êxito com as casas firmemente estáveis, ou seja, construídas.

1. OLHANDO PARA A VIDA

Partilhe com o grupo a reflexão realizada com a família sobre o encontro anterior, relacionada ao Evangelho de Jo 14,8-14.

2. ORAÇÃO INICIAL

- ✓ Olhe para os símbolos presentes no espaço de encontro e converse com seus colegas: para que servem? Onde são encontrados?
- ✓ Faça o sinal da cruz e peça que o Espírito Santo conduza este encontro com sua luz, cantando ou rezando, conforme propor seu catequista.

3. ESCUTANDO A PALAVRA

- ✓ Proclamação do Evangelho segundo São Mateus 7,24-27.
- ✓ Depois de ouvir a proclamação do texto bíblico, leia-o em silêncio.

PENSE E ANOTE:

- a) Qual o versículo que mais chamou sua atenção?
- b) Quais tipos de construção são mencionados no texto?
- c) De acordo com as palavras de Jesus, quem é o homem prudente? E quem é o homem insensato?

---

4. MEDITANDO A PALAVRA

- ✓ O que Jesus quis dizer com "construir uma casa sobre a rocha"?
- ✓ Qual a mensagem que você pode tirar desse texto?
- ✓ Qual o convite que a Palavra faz a você?
- ✓ Como você pode viver o que a parábola contada por Jesus ensina?
- ✓ O que colocamos no centro de nossa vida?

- Faça suas anotações.

5. REZANDO COM A PALAVRA

- ✓ Olhe para as pedras e a areia preparadas por seu catequista, presentes no ambiente do encontro: o que elas fazem você pensar a partir do que foi meditado com a parábola contada por Jesus?
- ✓ O que você quer dizer a Deus?
- ✓ Faça sua oração em silêncio. Depois escreva e partilhe com o grupo.

Após cada prece, diga: *Senhor, sede minha rocha, minha fortaleza. Eu confio em vós.*

Para concluir este momento orante, reze junto ao seu grupo o Salmo 18,2–7.

6. VIVENDO A PALAVRA

- ✓ Converse com seus familiares sobre o que você aprendeu no encontro. Depois, juntos, procurem perceber como se pode construir a casa da nossa vida sobre a rocha ou sobre a areia. Quem é a rocha firme em suas vidas? E na sua casa?

✓ Escreva o que conversou com seus familiares, para ser partilhado com o grupo no próximo encontro.

LEMBRETE

ANOTAÇÕES PESSOAIS

5º ENCONTRO

SER CRISTÃO É UMA ESCOLHA PESSOAL DE VIDA

SE LIGA

JESUS PROPÕE AS NORMAS para que possamos segui-lo.

Jesus está a caminho de Jerusalém e uma multidão o segue. Virando-se para a multidão, Ele esclarece que o caminho do seguimento é exigente e exige renúncias, desapego das nossas ideias, dos nossos bens e de tudo aquilo que nos impede de segui-lo com maior liberdade e decisão.

Com seu exemplo e suas atitudes, Jesus veio mostrar ao mundo uma nova maneira de ser, valorizando a pessoa na sua dignidade, libertando-a de tudo o que pudesse escravizá-la e dominá-la. Ele propõe e ensina a amar sem esperar nada em troca. Para isso, é preciso desapegar-se dos conceitos adquiridos que não valorizam as pessoas, que geram discórdia, e comprometer-se a seguir Jesus fundamentando suas ações nos valores do Evangelho, necessários para que o Reino de Deus se concretize no meio de nós.

1. OLHANDO PARA A VIDA

Converse com o grupo sobre como foi a semana que passou. Com simplicidade, conte aos colegas do grupo como foi a conversa com seus familiares sobre encontro anterior.

2. ORAÇÃO INICIAL

✓ Faça o sinal da cruz e reze seguindo as orientações de seu catequista.

3. ESCUTANDO A PALAVRA

✓ Coloque-se em atitude de silêncio para escutar a Palavra.
✓ Proclamação do Evangelho segundo São Lucas 14,25-27.
✓ Em silêncio, leia e releia o texto que foi proclamado.

PENSE E ANOTE:

a) Quem acompanhava Jesus no acontecimento narrado nesse texto bíblico?
b) Escreva o que considera mais importante nesse Evangelho.

4. MEDITANDO A PALAVRA

✓ O que a Palavra de Deus diz para você?
✓ Que ensinamento ela te dá?
✓ Que atitudes precisamos ter para seguir Jesus?

● Faça suas anotações.

5. REZANDO COM A PALAVRA

- ✓ O que a Palavra faz você dizer a Deus hoje?
- ✓ Que oração vai dirigir ao Pai?
- ✓ Seguindo a orientação do catequista, segure a cruz que será entregue a você e faça a sua oração pessoal e silenciosa.

Com seu grupo, todos de mãos dadas, reze a oração do Senhor: *Pai nosso...*

6. VIVENDO A PALAVRA

- ✓ Como podemos viver a proposta de Jesus no nosso dia a dia, em casa, na escola, com os colegas e amigos?
- ✓ Escolha, com o grupo, um gesto concreto e o assuma como compromisso para a semana.

LEMBRETE

ANOTAÇÕES PESSOAIS

6º ENCONTRO

CREIO: FUNDAMENTO DA NOSSA FÉ

> **SE LIGA**
>
> O CREIO É A PROFISSÃO de fé dos cristãos, é o resumo dos conteúdos da fé.

O Creio, também chamado de símbolo dos Apóstolos, nasceu na Igreja e contém o resumo fiel da mensagem transmitida pelos apóstolos, seguidores de Jesus. Ao dizer o Creio, os cristãos professam sua fé em Deus Pai, em Jesus Cristo, seu Filho, no Espírito Santo e em todas as verdades nas quais creem.

A fé é dom de Deus, e crer é uma adesão pessoal e livre da pessoa humana, mesmo que nem tudo seja claro.

1. OLHANDO PARA A VIDA

Recordando o compromisso do encontro anterior, partilhe o que você fez para viver como cristão comprometido com a proposta de Jesus.
- ✓ Em que ou em quem as pessoas acreditam hoje?
- ✓ Você conhece o Creio? Quando se costuma fazer essa profissão de fé?

2. ORAÇÃO INICIAL

- ✓ Faça o sinal da cruz e reze com seu grupo, seguindo a orientação de seu catequista.

3. ESCUTANDO A PALAVRA

✓ Proclamação do Evangelho segundo São João 12,44-47.
✓ Releia o texto, em silêncio.

PENSE E ANOTE:

a) Quem enviou Jesus?
b) Qual versículo mais chamou a sua atenção no texto proclamado?

● Converse com os colegas sobre o que anotaram no que diz respeito ao texto.

4. MEDITANDO A PALAVRA

✓ Você crê em Deus Pai, em Jesus Cristo e no Espírito Santo?
✓ Você acredita que Jesus morreu e ressuscitou?
✓ Você crê na Igreja, na remissão dos pecados, na ressurreição da carne e na vida eterna?
✓ Em que momento da missa professamos nossa fé?

● Faça suas anotações.

5. REZANDO COM A PALAVRA

✓ Procure, no final do livro, o Creio e professe a fé, com o seu grupo prestando atenção nas palavras.

6. VIVENDO A PALAVRA

✓ Em casa, com a família, diga o Creio.
✓ Converse sobre onde deve estar centrada nossa fé. Ouça seus familiares e partilhe em quem nós cremos?

LEMBRETE

ANOTAÇÕES PESSOAIS

7º ENCONTRO

JESUS PROMETE O SEU ESPÍRITO

SE LIGA

O ESPÍRITO SANTO É O ANIMADOR da nossa vida e da nossa caminhada enquanto Igreja.

O Espírito Santo foi enviado por Jesus como nosso advogado, Aquele que defende as nossas causas e as da comunidade cristã. Por isso, o Espírito Santo é a memória de Jesus, que continua sempre viva e presente na comunidade.

Na comunidade, o Espírito Santo ajuda a manter e a interpretar a ação de Jesus em qualquer tempo e lugar, a discernir os acontecimentos para continuar o processo de libertação, distinguindo o que é vida e o que é morte. É o Espírito que inspira as pessoas a realizarem ações e a ter gestos concretos de solidariedade, misericórdia e fraternidade, conforme Jesus nos ensinou.

1. OLHANDO PARA A VIDA

Converse com os colegas sobre como vivenciou o compromisso do encontro anterior.

✓ Como foi a experiência de professar a fé por meio do Creio com sua família?

2. ORAÇÃO INICIAL

✓ Faça o sinal da cruz e, com preces espontâneas, peça ajuda ao Espírito Santo para sua vida.

- Para quem você quer pedir a luz do Espírito Santo?

3. ESCUTANDO A PALAVRA

✓ Proclamação do Evangelho segundo São João 14,15-17.
✓ Depois de ouvir a Palavra de Deus, releia o texto proclamado.

PENSE E ANOTE:

a) O que o texto diz?
b) Quais são as características do Espírito Santo apresentadas no texto bíblico?
c) Qual a promessa que Jesus faz aos Apóstolos?
d) Destaque a frase ou expressão que mais chamou a sua atenção.

4. MEDITANDO A PALAVRA

✓ O que a Palavra proclamada te diz?
✓ Quem é o Espírito Santo?
✓ Como você pode cultivar a presença do Espírito Santo em sua vida?
✓ Aprendemos a dizer no Creio: "Creio no Espírito Santo". Será que acreditamos na sua força, na sua luz, na vida que Ele nos dá?
✓ Que atitudes suas, de sua família e da comunidade precisam da ação renovadora do Espírito Santo?

● Faça suas anotações.

5. REZANDO COM A PALAVRA

✓ O que a Palavra proclamada neste encontro faz você dizer a Deus?
✓ Em silêncio, peça a força do Espírito Santo sobre você, sua família e sua comunidade. Depois, escreva sua oração e partilhe com o grupo.

✓ Após cada um dizer sua oração, todos repetem juntos: *Vem, Espírito Santo, vem nos iluminar.*

Procure na Bíblia e reze, com todo o grupo, o Salmo 104.

6. VIVENDO A PALAVRA

✓ Qual compromisso você pode assumir nesta semana, iluminado pela força do Espírito de Deus?
✓ Escolha com seus colegas alguma ação ou algum gesto concreto relacionado aos dons do Espírito e o anote.

LEMBRETE

8º ENCONTRO

O ESPÍRITO SANTO ANIMA A IGREJA

SE LIGA

O ESPÍRITO SANTO, PROMETIDO e enviado por Jesus, desceu sobre o grupo dos Apóstolos, no dia de Pentecostes.

O Espírito Santo, assim como fez com os Apóstolos, continua a animar e dar coragem à vida da Igreja. Ele é o dom de Deus.

No dia da Crisma, é dito "Recebe por este sinal, o Espírito Santo dom de Deus para a vida do mundo". E seus frutos em nós são dons! Esses dons são sete: fortaleza, sabedoria, entendimento, conselho, ciência, piedade e temor de Deus. São dons porque nos são doados, são presentes, não dependem de méritos e nem de esforços pessoais. Não são conquistas humanas! Deus é a fonte que os concede como graças para nossas vidas, em vista da nossa santificação.

1. OLHANDO PARA A VIDA

Recorde com o grupo o compromisso do encontro anterior e partilhe como foi essa experiência.

✓ Como a Igreja apresenta a manifestação do Espírito Santo?

2. ORAÇÃO INICIAL

✓ Faça o sinal da cruz e reze com seu grupo a oração ao Espírito Santo.

3. ESCUTANDO A PALAVRA

✓ Proclamação do texto bíblico de At 2,1-12.

✓ Releia o texto, seguindo a orientação do catequista.

PENSE E ANOTE:

a Qual versículo mais chamou sua atenção?

----

4. MEDITANDO A PALAVRA

✓ O que este encontro sobre o envio do Espírito Santo e sobre a Igreja nascente te ensina?

✓ O que o Espírito faz em sua vida? Você está aberto para isso?

✓ Os ministérios são serviços para a organização da comunidade. De quais deles você pensa que sua comunidade tem mais necessidade?

● Converse com o grupo e anote quais são os ministérios existentes na sua comunidade.

5. REZANDO COM A PALAVRA

✓ O que deseja dizer a Deus hoje em sua oração? Reze em silêncio e escreva sua oração, a partir da Palavra de Deus que ouviu hoje.

> Faça preces espontâneas e, a cada prece, todos respondem:
> *Enviai Senhor, o Espírito Santo, dom de Deus.*

6. VIVENDO A PALAVRA

✓ Esta semana, pesquise quais são os serviços e pastorais existentes na comunidade e o que cada um deles faz.

LEMBRETE

✓ Anote o dia e o horário da celebração do rito da entrega do Creio e convide seus pais e padrinhos a participarem.

9º ENCONTRO

OS DONS DO ESPÍRITO EM NOSSA VIDA

SE LIGA

O ESPÍRITO SANTO distribui seus dons a todas as pessoas.

Embora sejam muitos os serviços e os ministérios, todos devem contribuir para a comunhão eclesial, ou seja, para que haja comunhão entre as pessoas que formam a Igreja, pois "há um só Senhor, uma só fé, um só batismo, um só Deus e Pai, acima de todos, no meio de todos e em todos" (Ef 4,5-6). Na Crisma, recebemos o Espírito Santo, dom de Deus. Ele estará conosco para nos ajudar durante toda nossa vida! Os dons que cada um possui podem ser colocados a serviço das pessoas e da comunidade.

1. OLHANDO PARA A VIDA

Converse e partilhe com o grupo o resultado da pesquisa realizada sobre os serviços e as pastorais existentes na comunidade.

- ✓ O que conseguiu conhecer sobre eles?
- ✓ O que descobriu de interessante?

2. ORAÇÃO INICIAL

- ✓ Faça o sinal da cruz e siga a orientação do catequista para realizar sua prece espontânea.

3. ESCUTANDO A PALAVRA

✓ Proclamação do texto bíblico de 1Cor 12,1-11.

✓ Após a proclamação da Palavra, leia o texto conforme orientação do catequista.

PENSE E ANOTE:

a O que o texto proclamado diz a você?

b O que mais chamou sua atenção nessa leitura?

4. MEDITANDO A PALAVRA

✓ O que a Palavra de Deus pede a você?

Os dons que recebemos são presentes dados por Deus a cada um de nós.

✓ O que devemos fazer para que esses dons possam dar frutos?

✓ Como você valoriza os dons das pessoas e os seus, e como pode colocá-los a serviço de nossa comunidade?

● Faça suas anotações.

✓ Reunidos em grupos, façam um cartaz com uma árvore e escrevam nela os dons do Espírito Santo.

5. REZANDO COM A PALAVRA

- ✓ Em forma de oração, leia o texto do Evangelho segundo São Lucas 4,18-19, pedindo para ser um instrumento nas mãos de Deus, sob a ação do Espírito Santo.
- ✓ Para fazer sua oração, siga a orientação do catequista.

6. VIVENDO A PALAVRA

Em casa, partilhe com seus pais o que aprendeu sobre os dons do Espírito Santo e medite sobre:

- ✓ Qual dos dons você sente mais presente em sua família? E a qual precisam dar mais atenção, ter mais cuidado para ser exercitado em família?
- ✓ Sua família costuma participar da comunidade, colocando-se a serviço com os dons que recebeu do Espírito?

LEMBRETE

✓ Para o próximo encontro, traga algum objeto de sua estimação.

ANOTAÇÕES PESSOAIS

10º ENCONTRO

SACRAMENTOS: SINAIS DA PRESENÇA E DO AMOR DE DEUS

SE LIGA

OS SACRAMENTOS SÃO IMPORTANTES EM NOSSA VIDA. São o encontro entre o divino e o humano na história.

Os sacramentos são marcados pela proposta de Deus e pela resposta da pessoa humana. Jesus Cristo é o sacramento do Pai, o verdadeiro sacramento, Ele veio revelar o Pai. A Igreja é também sacramento pela força do Espírito Santo, sinal visível de Cristo. Os sacramentos são os sinais concretos do amor de Deus e, por meio deles, o cristão recebe a graça de Deus e a fé para fortalecer a sua vida e perseverar no caminho do bem.

Os sete sacramentos cobrem a vida inteira do cristão, do nascimento (Batismo) até a morte (Unção dos Enfermos). Podemos compreendê-los desta forma:

SACRAMENTOS DA INICIAÇÃO CRISTÃ

Batismo, Crisma e **Eucaristia** são como que um único sacramento, celebrado em momentos diferentes. A Iniciação à Vida Cristã se torna um conjunto do mistério cristão e da missão eclesial. É o processo pelo qual entramos na vida cristã, tornamo-nos cristãos, aprendemos a viver como cristãos. Com os sacramentos da iniciação cristã, Batismo, Crisma e Eucaristia, são colocados os alicerces de toda a vida cristã. Nascidos para uma vida nova pelo Batismo, os fiéis são efetivamente fortalecidos pelo sacramento da Crisma e, depois, nutridos com o alimento da vida eterna na Eucaristia. Com eles, a pessoa está em condições de experimentar mais profundamente os tesouros da vida divina e de progredir até alcançar a perfeição da caridade (cf. CIgC, n. 1212).

O Batismo é o primeiro sacramento que recebemos. Ao nascer, a pessoa recebe a vocação humana; no Batismo, recebe a vocação cristã, que a faz seguidora de Jesus, sua discípula e missionária. Após o Batismo, começamos a fazer parte da Igreja católica e da grande família de Deus.

A Crisma tem a finalidade de conferir o Espírito Santo, simbolizando a participação do fiel em Pentecostes, marcando-o como enviado na missão que Cristo deu à sua Igreja (cf. Doc. 107, n. 131). Pela Crisma, selados no mesmo Espírito, somos chamados a viver mais intensamente a intimidade com Cristo e a fortalecer o amadurecimento na fé. Pelos seus efeitos, fortalece-nos na vivência da filiação divina, que nos faz dizer "Abba, Pai" (Rm 8,15); une-nos mais solidamente a Cristo e aumenta em nós os dons do Espírito Santo.

A Eucaristia é a consumação da iniciação cristã, pois o batizado, incorporado à comunidade eclesial, reproduz o único sacrifício, que é o seu. Por isso, o batizado participa da Liturgia Eucarística e oferece a sua vida ao Pai, associada ao sacrifício de Cristo. É o Cristo inteiro, cabeça e membros, que se oferece pela salvação da humanidade. Assim, aclamamos na Oração Eucarística III: "Fazei de nós uma oferenda perfeita". O Batismo e a Crisma realizam uma vez a configuração no mistério da Páscoa, e a Eucaristia culmina essa configuração a Cristo. Será a participação repetida de toda a comunidade no mistério pascal de Cristo.

SACRAMENTOS DA CURA

A Reconciliação ou Confissão: Jesus confiou à Igreja, nascida pelo Espírito Santo, o encargo de perdoar ou não os pecados da humanidade. É sacramento da misericórdia de Deus. Jesus nos mostrou o coração misericordioso do Pai. O sinal desse sacramento, após o exame de consciência e a confissão dos pecados, é a absolvição, isto é, o perdão dos pecados. O padre pronuncia as seguintes palavras: "Eu te absolvo dos teus pecados, em nome do Pai e do Filho e do Espírito Santo". Ele disse a Pedro, o chefe dos Apóstolos: "Eu lhe darei as chaves do Reino do Céu, o que você ligar na terra será ligado no céu, e o que você desligar na terra será desligado no céu" (Mt 16,19).

A Unção dos Enfermos é um dos sete sacramentos instituídos por Jesus Cristo e nos lembra que Jesus tinha uma atenção especial para com os doentes. É o sacramento da graça de Deus na vida de quem está fraco ou doente. A pessoa o recebe, normalmente, por ocasião de uma doença grave ou iminência de morte. O sinal é o óleo dos enfermos, abençoado pelo bispo na Quinta-feira Santa.

SACRAMENTOS DO SERVIÇO DA ESCOLHA DE VIDA

A Ordem refere-se à ordenação sacerdotal ao ministério ordenado de diácono, padre, bispo. Todos os ministérios na Igreja são participação no serviço de Cristo. O padre é chamado para servir ao Reino de Deus, abandona tudo para seguir o seu Senhor, o Bom Pastor. A missão do padre é evangelizar. O sinal desse sacramento é o óleo. Com ele, o bispo unge as mãos de quem recebe esse sacramento para servir como padre, e a cabeça, se for bispo, sinal de consagração e de escolha.

O Matrimônio é o sacramento da comunhão (união). O gesto de uma mulher e de um homem se doarem no amor e formarem família é sinal de Deus para com a humanidade. O sinal do amor mútuo entre marido e mulher são as alianças que usam na mão. Elas são sinal de fidelidade e de pertença um ao outro. O casal que é fiel ao seu compromisso assumido, está sendo fiel ao Criador (cf. Diocese de Caxias do Sul, 2015).

1. OLHANDO PARA A VIDA

Converse com seu grupo sobre:
- ✓ Quais são os gestos e sinais que usamos a cada dia para dizer que gostamos de alguém, que o queremos bem?
- ✓ Existem sinais que são convencionais e nos indicam caminhos, atitudes, sentimentos. Quais são?

2. ORAÇÃO INICIAL

- ✓ Faça o sinal da cruz, iniciando sua oração.
- ✓ Em silêncio, olhe para os símbolos que foram expostos na sala, por seu catequista, e pense o que conhece e o que sabe sobre cada um deles, se despertam alguma lembrança ou sentimento em você. Depois, partilhe com seu grupo.
- ✓ Reze com seu grupo: *Glória ao Pai e ao Filho e ao Espírito Santo.*

3. ESCUTANDO A PALAVRA

✓ Proclamação do Evangelho segundo São Marcos 7,31-35.

✓ Leia com atenção o texto proclamado.

PENSE E ANOTE:

(a) Qual versículo ou palavra mais chamou a sua atenção?

(b) Quais os gestos e os sinais que aparecem no texto bíblico? Quem os faz?

4. MEDITANDO A PALAVRA

✓ O que a Palavra e o que aprendeu com seu catequista dizem para você?

✓ Como as pessoas costumam viver e se aproximar desses sinais, que são os sacramentos que a Igreja nos oferece?

✓ Quais os sacramentos que cada um no grupo já recebeu e quais desejam ainda receber? De que maneira estão se preparando para isso?

● Faça suas anotações.

5. REZANDO COM A PALAVRA

✓ Em silêncio, feche os olhos e, em oração, agradeça a Deus por nos dar tantos sinais de seu amor.

✓ Observe os objetos expostos na sala de catequese. Eles nos lembram os diferentes sacramentos que a Igreja nos oferece ao longo de nossa vida. Escolha um sinal ou um símbolo e faça uma oração a partir do que te inspira. Escreva a sua oração.

Junto ao grupo, reze o Salmo 100(99). A cada dois versículos, digam: *Aclamai ao Senhor, ó Terra inteira.*

6. VIVENDO A PALAVRA

✓ Como compromisso desta semana, procure saber se existe alguém na sua rua ou entre os vizinhos que ainda não recebeu nenhum sacramento ou que precisa completar sua iniciação cristã. No próximo encontro, apresente ao grupo o nome e o endereço dessa pessoa para, posteriormente, ser realizada uma visita.

LEMBRETE

✓ Traga para o próximo encontro alguma fotografia ou lembrança do seu batizado. Caso não possua, procure saber a data em que foi batizado.

11º ENCONTRO

O BATISMO, NOVO NASCIMENTO EM CRISTO

 **SE LIGA**

O BATISMO é o primeiro Sacramento que recebemos.

Com o Batismo, nascemos para a nova vida em Cristo Jesus, tornamo-nos novas criaturas. Ele é o fundamento de toda vida nova cristã, permite entrarmos para a vida da comunidade e pertencermos a uma família maior, assumindo a identidade de cristão. O Batismo, um mergulho na vida em Deus, nos abre a possibilidade de recebermos os demais sacramentos.

1. OLHANDO PARA A VIDA

Partilhe com o seu grupo o resultado do compromisso do encontro anterior: você conseguiu saber se tem alguém na comunidade que não foi batizado, crismado ou não recebeu a Primeira Eucaristia? Como foi sua conversa com essa pessoa?

Com seu catequista e seu grupo, conversem sobre:
- ✓ O que você sabe sobre o Batismo?
- ✓ Quando e onde você foi batizado? Quem são os seus padrinhos?
- ✓ Comente se já participou de algum batizado: como foi e do que mais gostou?

2. ORAÇÃO INICIAL

✓ Somos batizados em nome da Trindade. Por isso, hoje, para iniciar o encontro, trace sobre você o sinal do cristão, recordando o seu Batismo.

3. ESCUTANDO A PALAVRA

✓ Proclamação do Evangelho segundo São João 3,1-6.
✓ Após ouvir a proclamação do Evangelho, leia o texto.

PENSE E ANOTE:

a) Qual versículo ou palavra mais chamou a sua atenção?
b) Como aconteceu o encontro de Jesus com Nicodemos?
c) Sobre o que eles conversaram?

------

4. MEDITANDO A PALAVRA

✓ O que o Evangelho deste encontro ensina para você hoje?
✓ Como é possível nascer a cada dia para uma nova vida?
✓ Quais os efeitos que o Batismo traz para as nossas vidas?
✓ Quais são os gestos e os símbolos do Batismo?

● Faça suas anotações.

45

5. REZANDO COM A PALAVRA

✓ Orientado por seu catequista, participe da conversa sobre: qual a importância da água na vida das pessoas, dos animais e dos vegetais?

✓ Seguindo a orientação do catequista, aproxime-se do local onde está a água preparada para este momento e reze com o grupo:

Ó Deus da vida e da criação, fonte e origem de toda a vida, nós vos pedimos: abençoai esta água, que lembra o nosso Batismo. Confiantes, pedimos a proteção de vossa graça. Concedei que jorrem sempre para nós as águas da salvação, para que, a cada dia, possamos nascer de novo para a vida em Deus. Que sejamos fiéis aos compromissos que nossos pais e padrinhos assumiram por nós no dia do nosso Batismo.

✓ Você e cada colega do grupo são convidados a fazer uma prece espontânea. Após cada prece, todos dizem: *Creio, Senhor, mas aumentai a minha fé!*

6. VIVENDO A PALAVRA

✓ Como compromisso deste encontro, realize duas atividades:

1. Converse com seus pais a respeito do seu Batismo, de seus padrinhos e do ministro que te batizou (ou de quem te batizou).

2. Procure saber quando acontecem os batizados na sua paróquia e participe, observando os gestos, as palavras e os símbolos usados. Anote como foi a experiência.

LEMBRETE

12º ENCONTRO

O SACRAMENTO DA CRISMA: CONFIGURAÇÃO MAIS PLENA A CRISTO

A CRISMA é um novo Pentecostes do cristão.

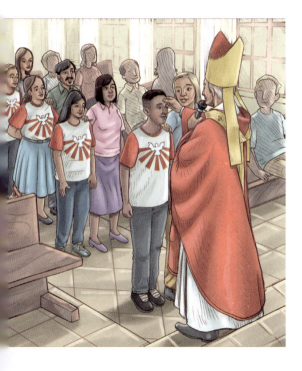

O Sacramento da Crisma ou Confirmação ajuda o batizado a se fortalecer na fé com o auxílio do Espírito Santo, dom de Deus, para que seja uma testemunha viva de Jesus. A confirmação é necessária para "consumar a graça batismal".

O Sacramento da Crisma expressa e supõe a força especial do Espírito para cumprir a missão profética no mundo, para edificar na unidade a Igreja, Corpo de Cristo, e defender a verdade do Evangelho nas diversas situações da vida. Pelo Batismo, nos tornamos filhos, e pela Crisma, selados no mesmo Espírito, somos chamados a viver mais intensamente a intimidade com Cristo, amadurecendo na fé.

1. OLHANDO PARA A VIDA

Recordando os compromissos assumidos, converse com o grupo sobre o que conseguiu fazer.

A nossa vida é um processo, é um caminho. Cada um faz seus projetos pessoais, pensa o que quer ser na vida e como quer viver. Você já pensou sobre isso? E sobre seu caminho da fé, o que você pensa?

✓ Você irá receber o Sacramento da Crisma. O que isso significa para você?

2. ORAÇÃO INICIAL

Em silêncio, olhe para os símbolos que estão no ambiente do encontro e peça as luzes do Espírito Santo para você e seu grupo assimilarem bem o que o catequista irá explicar.

3. ESCUTANDO A PALAVRA

- ✓ Proclamação do Evangelho segundo São João 20,19-23.
- ✓ Leia o texto, com atenção ao que é dito em cada versículo.

PENSE E ANOTE:

a) Procure se colocar como um personagem nessa cena e registre.
b) Quem está na cena? Em que hora ela acontece? Quem fala e o que diz?

_____
_____
_____
_____
_____

4. MEDITANDO A PALAVRA

- ✓ O que a Palavra diz para você e para o seu grupo que se prepara para celebrar o Sacramento da Crisma?
- ✓ Você está disposto a acolher o dom de Deus em sua vida?
- ✓ Que atitudes novas revela quem está pleno do Espírito de Deus e dos seus dons?

● Faça suas anotações.

5. REZANDO COM A PALAVRA

✓ O que a Palavra proclamada faz você dizer a Deus?
✓ Faça sua oração pedindo a força do Espírito Santo sobre você, sobre o grupo e sobre as diferentes realidades presentes no mundo hoje. Depois, escreva e partilhe com o grupo sua oração.

Com seu grupo, sigam as orientações do catequista e cantem ou rezem juntos o Salmo 104.

6. VIVENDO A PALAVRA

✓ Que compromissos você pode assumir, com todo o grupo, a partir do encontro de hoje?
✓ Que atitudes novas você irá assumir para viver conforme o Espírito Santo o inspira?

LEMBRETE

13º ENCONTRO

CONFIRMADOS PARA SERMOS FORTES NA FÉ CRISTÃ

 **SE LIGA**

NO SACRAMENTO DA CRISMA, recebemos o Espírito Santo, dom de Deus.

Ao receber o Espírito Santo, somos fortalecidos para continuarmos com firmeza a mesma missão de Jesus. Somos chamados a anunciar Jesus com fé, com coragem e a sermos suas testemunhas; chamados e enviados a comunicar aos outros o que vimos e ouvimos. Os Apóstolos, ao receberem o Espírito Santo, sentiram-se fortes, corajosos, partiram para anunciar Jesus e testemunhar sua fé. Em meio às dificuldades da vida, precisamos ser fortes na fé para sermos fiéis a Jesus Cristo.

1. OLHANDO PARA A VIDA

Estamos seguindo o caminho de fé, de seguimento a Jesus e seus ensinamentos. Esse percurso nem sempre é fácil. Às vezes, encontramos dificuldades, empecilhos que podem nos fazer desviar ou parar no meio do caminho.

- ✓ Quais são as dificuldades que encontramos para viver a fé em nossa vida, na família, na escola, com os amigos e na comunidade?
- ✓ Escreva as dificuldades nas tiras de papel que seu catequista entregar. Depois, partilhe com o grupo e reflitam sobre as possibilidades para superar as dificuldades e perseverar no seguimento a Jesus.

2. ORAÇÃO INICIAL

✓ Faça o sinal da cruz e reze:

Vinde, Espírito Santo, enchei os corações dos vossos fiéis e acendei neles o fogo do vosso amor. Enviai o vosso Espírito e tudo será criado. E renovareis a face da terra.
Oremos: *Ó Deus, que instruístes os corações dos vossos fiéis com a luz do Espírito Santo, fazei que apreciemos retamente todas as coisas, segundo o mesmo Espírito, e gozemos sempre da sua consolação. Por Cristo, Senhor nosso. Amém!*

3. ESCUTANDO A PALAVRA

✓ Proclamação do Evangelho segundo São Mateus 8,23-27.
✓ Leia, atentamente, o Evangelho que foi proclamado.

PENSE E ANOTE:

a) Quem são os personagens presentes na cena? Onde estão?
b) O que acontece com eles?
c) Se você estivesse na cena, junto aos personagens, onde você estaria?

_____
_____
_____
_____
_____
_____
_____
_____

4. MEDITANDO A PALAVRA

✓ O que a Palavra de Deus, proclamada no encontro, diz para você?
✓ Quais são os nossos medos, nossas inseguranças?
✓ O que você entende por ter fé? Em quem você deposita sua confiança?
✓ Em que barco estamos remando: naquele de Jesus ou naquele dos nossos próprios interesses?

● Faça suas anotações.

5. REZANDO COM A PALAVRA

Em silêncio, olhe para os elementos que estão no ambiente de encontro: a Palavra de Deus; a vela, que nos recorda a luz que é Jesus; e a imagem do Espírito Santo.

✓ Após contemplar esses elementos, faça sua oração a Deus Pai, escreva e compartilhe com o grupo.

6. VIVENDO A PALAVRA

✓ O que você se propõe a fazer nesta semana para viver aquilo que apren-deu com Jesus neste encontro?

LEMBRETE

ANOTAÇÕES PESSOAIS

> **14º ENCONTRO**

CONFISSÃO: RECONCILIADOS COM DEUS E COM OS IRMÃOS

> ⏻ **SE LIGA**
>
> A RECONCILIAÇÃO entre as pessoas é um gesto que devolve a dignidade e a vida. Exige atitude de humildade, a capacidade de amar.

Jesus nos mostrou, com sua vida, que o perdão é o meio pelo qual a pessoa demonstra sua capacidade de amar. Ele perdoou, acolheu, amou até o fim. O Sacramento da Reconciliação foi criado pelo próprio Jesus. Ele confiou à Igreja, nascida pelo Espírito Santo, o encargo de perdoar ou não os pecados da humanidade. Ele disse a Pedro: "Eu lhe darei as chaves do Reino do Céu o que você ligar na terra será ligado no céu, e o que você desligar na terra será desligado no céu" (Mt 16,19). E ainda: "os muitos pecados que ela cometeu estão perdoados porque ela demonstrou muito amor" (Lc 7,47). A nossa capacidade de perdoar depende da nossa capacidade de amar.

1. OLHANDO PARA A VIDA

Converse com o grupo sobre os compromissos do encontro anterior.
- ✓ Como as pessoas vivem hoje: elas se amam? Querem-se bem?
- ✓ Você costuma dar e receber o perdão na família, na escola, entre os colegas?
- ✓ E o que você vê na televisão, ao redor de sua casa, na rua, revela que há mais perdão ou não?

2. ORAÇÃO INICIAL

✓ Seguindo a orientação de seu catequista trace sobre si o sinal da cruz e com o grupo, rezem a oração:

> *Ó Deus de misericórdia e compaixão, nós vos louvamos e agradecemos porque sois nosso Pai, sois nosso amigo. Vosso Filho Jesus nos ensinou a acolhida e o perdão. Foi em busca da ovelha perdida, perdoou a pecadora arrependida, acolheu Pedro, que o renegou. Vós recebestes com festa o filho que se afastou da casa paterna e retornou arrependido. Com vossa graça, de vós, tudo recebemos. Queremos hoje compreender mais a grandeza do vosso amor. E pedimos para vivermos sempre em comunhão entre nós, confiamos no vosso amor e no vosso perdão. Ajudai-nos, Senhor. Amém.*

3. ESCUTANDO A PALAVRA

✓ Proclamação do Evangelho segundo São Lucas 7,36-50.
✓ Leia o texto, com atenção, e siga a orientação do catequista.

PENSE E ANOTE:

a) Quais os personagens envolvidos?
b) O que acontece na cena e onde?
c) O que chama sua atenção?

_____
_____
_____
_____
_____
_____
_____
_____

4. MEDITANDO A PALAVRA

✓ Que ensinamento fica para você a partir da reflexão do texto bíblico?
✓ Analisando o seu cotidiano, com quem mais você se identifica: com o fariseu, a mulher ou Jesus?

✓ O que você percebe na comunidade e na sociedade: as pessoas são capazes de perdoar, de acolher a todos, ou há dificuldades em ter essas atitudes?

● Faça suas anotações.

5. REZANDO COM A PALAVRA

Em silêncio, olhando para a cruz e para a Palavra de Deus que estão no ambiente do encontro, pense em sua vida.

✓ Você sente arrependimento por algo que fez ou disse?

✓ De que ações, gestos e atitudes você sente necessidade do perdão e da misericórdia de Deus?

✓ Faça sua oração, falando com Deus no silêncio do seu coração, e a escreva para rezar sempre que sentir necessidade.

Seguindo a orientação de seu catequista, tocando a cruz ou a beijando, procure ouvir a voz de Jesus, que te diz: *Tua fé te salvou. Vai em paz.*

6. VIVENDO A PALAVRA

✓ O que você vai levar deste encontro para sua vida e viver melhor nesta semana?

✓ Que tal pensar, se for o caso, em se reconciliar com alguém com quem esteja chateado ou com quem te magoou ou a quem tenha magoado, experimentando a alegria de perdoar e ser perdoado?

LEMBRETE

ANOTAÇÕES PESSOAIS

15º ENCONTRO

DEUS VISITA SEU POVO

SE LIGA

A IGREJA NOS OFERECE como caminho de preparação para a chegada do Senhor Jesus no seu Natal.

O Tempo do Advento é o tempo de espera, de vigilância, de aguardar Aquele que vem visitar o seu povo. Deus visita seu povo, vê suas necessidades, alimenta sua esperança e o seu desejo de acolher um Deus que vem ao encontro da humanidade para libertá-la das marcas do pecado, da morte e da injustiça e devolver-lhe alegria.

1. OLHANDO PARA A VIDA

✓ O que você sabe sobre o Tempo do Advento?
✓ Se nós formos hoje ao shopping, aos mercados e às lojas, o que veremos? Que sinais? O que isso diz para nós?

2. ORAÇÃO INICIAL

✓ Faça o sinal da cruz e participe deste momento, rezando com seu grupo.

Catequista: Queridos catequizandos, o Senhor está perto, Ele nos visita, quer estar no meio de nós. Sua graça e sua paz estejam com vocês.
Todos: Bendito é o Senhor, que nos reúne no seu amor.
Catequista: Em comunhão com todos os que esperam os sinais de Deus em sua vida, os que desejam mais esperança e alegria, digamos:
Todos: Vem, Senhor, vem libertar o teu povo.

Catequista: Fortalece Senhor, os doentes, os tristes, os idosos. Não abandones aqueles que já não têm mais esperança, os que estão afastados, vem consolá-los. Digamos:
Todos: Vem, Senhor, vem libertar o teu povo.

3. ESCUTANDO A PALAVRA

✓ Proclamação do Evangelho segundo São Lucas 1,67-79.
✓ Depois de ouvir a Palavra proclamada, leia o texto em silêncio.

PENSE E ANOTE:

a) Qual o personagem que aparece nesse texto: quem é ele? O que faz? O que diz?
b) Quais são os verbos presentes nesse texto?

4. MEDITANDO A PALAVRA

✓ Zacarias louvou a Deus porque se lembrou de sua angústia, de sua aflição e do seu desejo. O que isso diz a você?
✓ Em nosso mundo, em nossa realidade, às vezes Deus é esquecido?
✓ Será que às vezes trocamos Jesus pelo Papai Noel, pelas luzes e pelos grandes presépios?
✓ Quando você pensa sobre o Natal, de que e de quem você se lembra?
✓ O que é mais importante com relação ao Natal?

● Faça suas anotações.

5. REZANDO COM A PALAVRA

✓ Diante da primeira vela da coroa do Advento, que ambienta o encontro, faça a oração que brota do seu coração para o coração de Deus, a partir da reflexão e do estudo deste encontro.

✓ O que a Palavra leva você a dizer a Deus? Escreva sua oração e depois partilhe com o grupo.

✓ Siga a orientação do catequista e reze o Cântico de Zacarias, que está no Evangelho de Lucas 1,68-79, agradecendo a Deus por sempre vir até nós, em nossa realidade de vida.

Encerrem dizendo juntos: *Glória ao Pai, e ao Filho e ao Espírito Santo. Ao Deus que é, que era e que vem, pelos séculos. Amém.*

6. VIVENDO A PALAVRA

✓ Em nosso encontro, você aprendeu que Deus visita seu povo, não o abandona, vem ao seu encontro. Nós também, como grupo, vamos, nesta semana, assumir o compromisso de visitar pessoas necessitadas, lugares de convivência, doentes, hospitais, creches, asilos e pobres.

LEMBRETE

16º ENCONTRO

ADVENTO, TEMPO DE VIGILÂNCIA E ESPERA

SE LIGA

ADVENTO SIGNIFICA CHEGADA, vinda, é tempo de penitência, arrependimento e expectativa para o nascimento de Jesus.

Durante o Advento, somos convidados à conversão e à purificação em preparação ao Natal. Devemos ficar também atentos e vigilantes, assim como clamou João Batista no deserto: "Preparem o caminho do Senhor, endireitem suas estradas" (Lc 3,4b).

O Advento, como período de recolhimento, é um tempo em que somos incentivados a praticar o perdão e a caridade. Devemos ficar atentos à necessidade daqueles que esperam por mais vida, mais esperança e mais atitudes novas, cristãs. João Batista é um personagem importante para esse tempo. Ele é o profeta da austeridade, da penitência, uma figura exigente e forte, que aponta o caminho para Jesus e nos convida a rever nossa vida pessoal e comunitária.

1. OLHANDO PARA A VIDA

✓ Converse com o grupo sobre a experiência de realizar o compromisso proposto no encontro anterior.
✓ Estamos vivendo o Tempo do Advento, de espera, de preparação para o Natal do Senhor. Esse tempo é marcado pela atenção vigilante, alegre, pela vinda próxima do Senhor.

2. ORAÇÃO INICIAL

✓ Faça o sinal da cruz e reze, com o grupo:

Senhor Deus, ajuda-nos a sermos vigilantes para não cairmos na tentação de comemorar um Natal meramente consumista e de ostentação. Que a expectativa pela chegada do teu Filho Jesus desperte em nós a fraternidade e a caridade. Neste tempo, que nossa penitência seja a humildade e o olhar de ternura aos mais necessitados.

3. ESCUTANDO A PALAVRA

✓ Proclamação do Evangelho segundo São Mateus 3,1-12.
✓ Leia em sua Bíblia, destacando o que mais chamou a sua atenção.

PENSE E ANOTE:

a) Em que cenário João Batista está e de quem ele está falando? O que ele está clamando?
b) Por que pessoas de toda parte vieram até ele?
c) Por quem João Batista foi anunciado, antes mesmo de nascer?
d) Qual a missão de João Batista?

_____
_____
_____
_____
_____
_____
_____

4. MEDITANDO A PALAVRA

✓ Sabemos que conversão é mudança de atitudes, de vida. O que é preciso mudar em sua vida para endireitar seu caminho?
✓ Quem são os profetas de hoje que clamam pela conversão e anunciam a vinda de Jesus Cristo?

✓ Como você e sua família se preparam para receber uma visita? E como se preparam para o Natal? Quais os sinais que colocam na casa neste tempo de espera pela vinda de Jesus?

● Faça suas anotações.

5. REZANDO COM A PALAVRA

✓ O que a Palavra faz você dizer a Deus, qual será sua oração? Qual é a conversão que você deseja para as nossas famílias, para o nosso bairro, cidade, país...? O que precisa ser mudado?

✓ Formular uma oração de súplica; a cada pedido, todos dizem: *Endireitai os nossos caminhos, Jesus!*

✓ O Evangelho nos convida a produzirmos frutos bons. Escreva que frutos bons você pode produzir neste tempo de preparação para o Natal.

Reze com o grupo o Salmo 71, dizendo no início e ao final: *Eis que vem o Senhor, sem demora.*

De mãos dadas, rezem juntos a oração do Pai-nosso.

6. VIVENDO A PALAVRA

✓ Converse em casa sobre o que significa estar atento e vigilante. O que isso significa neste Tempo do Advento? Por quê?

✓ Organizar momentos para rezarem juntos, em família.

✓ Procure o grupo de novena em preparação ao Natal na sua rua ou no seu bairro.

✓ Como gesto concreto, traga no próximo encontro alimentos não perecíveis, para juntos montarem uma cesta de Natal, que será doada a uma família carente.

LEMBRETE

ANOTAÇÕES PESSOAIS

17º ENCONTRO

O ESPÍRITO SANTO AGE EM MARIA

SE LIGA

MARIA É A MULHER que se deixou guiar e conduzir pela força do Espírito Santo e viveu com fidelidade o projeto de Deus, nos trouxe Jesus.

O Papa Paulo VI, em sua encíclica *Marialis Cultus,* diz que "O tempo litúrgico mais próprio para a veneração de Maria é o Advento", porque foi ela que trouxe em seu seio o Salvador.

Maria, jovem e simples, expressa sua obediência, abertura e disponibilidade à voz do Espírito de Deus ao se colocar atenta para fazer acontecer a vontade Dele, dizendo: "Eis a serva do Senhor. Faça-se em mim segundo a tua palavra" (Lc 1,38).

1. OLHANDO PARA A VIDA

Como passou a semana? O que conseguiu realizar do compromisso do encontro anterior?

2. ORAÇÃO INICIAL

✓ Faça o sinal da cruz e pense sobre como se sente neste Tempo do Advento, à espera do Natal de Jesus.

3. ESCUTANDO A PALAVRA

✓ Proclamação do Evangelho segundo São Lucas 1,26-38.
✓ Leia o texto silenciosa e calmamente.

PENSE E ANOTE:

a O que a Palavra proclamada te diz?

b Quais são as palavras que mais chamaram a sua atenção.

c Como você entende a atitude de Maria diante da proposta que o anjo apresentou?

4. MEDITANDO A PALAVRA

✓ Você sabe acolher, como Maria, os pequenos anúncios de Deus em sua vida? Dê exemplos.

✓ Você se coloca à disposição de Deus? Por quê?

✓ Como o mundo e a sociedade acolhem os sinais de Deus hoje?

● Faça suas anotações.

5. REZANDO COM A PALAVRA

✓ Converse com Deus, fazendo uma prece pessoal. Escreva e depois partilhe sua oração com o grupo.

Reze com seu grupo a oração da Ave-Maria.

6. VIVENDO A PALAVRA

✓ O que a Palavra motiva você a viver?
✓ Como estamos próximos do Natal, o grupo pode assumir um compromisso de organizar uma cesta com alimentos e fazer a entrega, junto às crianças, à pastoral responsável pela distribuição na comunidade.

Breve avaliação da caminhada:

✓ Sente-se preparado(a) para receber o Sacramento da Crisma?
✓ Como você avalia a sua participação nos encontros da catequese?

LEMBRETE

✓ Orientado pelo catequista, anote o dia e o horário do retorno da catequese no próximo ano. Será na Quarta-feira de cinzas, participando da celebração da imposição das cinzas.

ANOTAÇÕES PESSOAIS

3º TEMPO

PURIFICAÇÃO E ILUMINAÇÃO
TEMPO QUARESMAL

18º ENCONTRO

QUARESMA, TEMPO DE RENOVAÇÃO, MUDANÇA DE VIDA

SE LIGA

QUARESMA É O TEMPO litúrgico que antecede a festa da Ressurreição.

A Quaresma é o momento especial para fazermos uma revisão da nossa vida com relação à mensagem cristã expressa nos evangelhos. Os cristãos se voltam para a reflexão, recolhem-se em oração e penitência para preparar o grande acontecimento da Páscoa do Senhor Jesus, ou seja, para acolher o Cristo vivo e ressuscitado. Simbolicamente, o cristão está na escuridão como o cego de nascença e vai começar a enxergar a partir do seu renascimento em Cristo. Esse renascimento se dá por meio de gestos concretos que o ajudam a viver bem a Quaresma, que são: oração, jejum e penitência. Neste tempo quaresmal, a Igreja nos propõe a Campanha da Fraternidade (CF), que é um convite à solidariedade e nos ajuda a refletir temas importantes que nos inspiram e motivam a viver com mais intensidade a conversão pessoal, comunitária e social que nos prepara para a Páscoa do Senhor Jesus.

1. OLHANDO PARA A VIDA

✓ Converse, conte e partilhe com os colegas como passaram o tempo de recesso: quais os fatos que marcaram este tempo em que esteve com a família, em viagem ou em casa?

2. ORAÇÃO INICIAL

✓ Faça o sinal da cruz e, com o seu grupo, rezem pedindo a graça de viver intensamente este tempo novo, que o Senhor oferece para todos nós, cristãos, dizendo:

Senhor Deus, abre os nossos olhos, como abriste os do cego de nascença, para enxergarmos as maravilhas dos seus ensinamentos, que serão transmitidos para nós neste encontro. Amém.

3. ESCUTANDO A PALAVRA

✓ Proclamação do Evangelho segundo São João 9,1-41.
✓ Leia o texto com o grupo.

PENSE E ANOTE:

a) O que diz o texto bíblico?
b) Quem estava com Jesus quando Ele curou o cego de nascença?
c) Quais são os personagens desse texto?
d) O que mais chamou a sua atenção.

_____
_____
_____
_____
_____
_____
_____

4. MEDITANDO A PALAVRA

✓ Diante do que escutou no texto bíblico, o que Deus te ensina por meio dessa Palavra?
✓ O que você pode fazer para que os olhos se abram a fim de colocar em prática essa Palavra?
✓ Qual é a atitude do cego antes de enxergar e depois que passou a enxergar?
✓ Será que também somos cegos?
✓ Quais são as cegueiras no mundo de hoje?

71

● Faça suas anotações

5. REZANDO COM A PALAVRA

✓ Faça silêncio, deixe que Jesus olhe para você com carinho e compaixão. Reze e escreva sua oração.

6. VIVENDO A PALAVRA

✓ Converse com seus pais sobre quais são os sinais que revelam as maravilhas que Deus já realizou em sua família.
✓ Prepare em casa um espaço com uma Bíblia e uma cruz, para recordar o sentido e a importância deste Tempo da Quaresma.

LEMBRETE

✓ Fique atento sobre a importância deste momento em preparação à celebração do Sacramento da Crisma. É fundamental a participação nas celebrações dos escrutínios, juntamente à família.

19º ENCONTRO

QUARESMA, TEMPO DE FRATERNIDADE

SE LIGA

QUARESMA É UM TEMPO que nos convida à conversão, à mudança de vida por meio da oração, da penitência e da caridade.

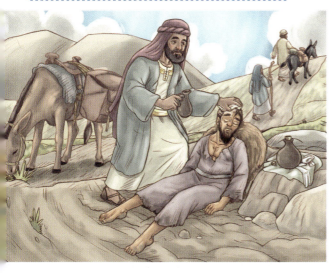

A Conferência Nacional dos Bispos do Brasil (CNBB) nos propõe a Campanha da Fraternidade (CF) todos os anos, com o objetivo de despertar a solidariedade com relação a um problema concreto que envolva a sociedade brasileira. Busca refletir e encontrar caminhos, soluções que promovam a fraternidade e a caridade para com o próximo, e uma verdadeira conversão.

Essa conversão se traduz em mudança de rumo na vida pessoal e comunitária. É um chamado a voltar-se para Deus, buscando "amá-lo de todo coração e de toda a alma e de todo o entendimento e de todas as forças; e amar ao próximo como a si mesmo" (Mc 12,30-31).

1. OLHANDO PARA A VIDA

No encontro anterior, refletimos sobre a Quaresma como tempo de renovação, de mudança de vida. Partilhe com os colegas como foi a semana e como conseguiu viver o compromisso assumido.

2. ORAÇÃO INICIAL

✓ Inicie sua oração com o sinal da cruz, que nos identifica como cristãos.
✓ Acompanhe a reflexão e, seguindo a orientação do catequista, converse com seus colegas.

3. ESCUTANDO A PALAVRA

✓ Proclamação do Evangelho segundo São Lucas 10,30-37.

✓ Leia, com atenção, em sua Bíblia, o texto do Evangelho que foi proclamado.

PENSE E ANOTE:

a Quais são os personagens desse texto?

b O que aconteceu com o homem que descia de Jerusalém para Jericó?

c Quem passou pelo homem caído, machucado? Qual foi a sua atitude?

d Quem era o samaritano que socorreu o homem?

e O que mais chamou a sua atenção no texto?

4. MEDITANDO A PALAVRA

✓ O que a Palavra de Deus diz para você hoje?

✓ Qual é a sua atitude diante das pessoas que sofrem? Você teria coragem para fazer como o samaritano, mesmo correndo risco?

✓ Quem é o próximo para você?

O bom samaritano é o próprio Jesus. Ele cuida de cada um de nós com carinho. Ele cura as nossas feridas. Ele nos salva, nos protege, nos guia por bons caminhos.

✓ Você acredita nesse amor de Jesus por todos nós?

● Anote o que julgar mais importante para sua vida.

5. REZANDO COM A PALAVRA

✓ O que a Palavra faz você dizer a Deus?

✓ Faça uma oração de agradecimento ou de perdão. Escreva e depois partilhe com o grupo.

✓ Após cada oração, digam juntos: *Obrigado, Senhor, por cuidar de cada um de nós! Ajuda-nos a cuidar de quem precisa de nós!*

Neste tempo de Quaresma, de preparação próxima à festa da Páscoa, pense em quais são as suas cruzes, seus sofrimentos e preocupações e as de sua família e diga: "Como Jesus, vou carregar a minha cruz, para poder ressuscitar".

Rezar ou cantar juntos a oração de São Francisco:

Senhor, fazei-me instrumento da vossa paz; onde houver ódio, que eu leve o amor; onde houver ofensa, que eu leve o perdão; onde houver discórdia, que eu leve a união; onde houver dúvida, que eu leve a fé; onde houver erro, que eu leve a verdade; onde houver desespero, que eu leve a esperança; onde houver tristeza, que eu leve a alegria; onde houver trevas, que eu leve a luz.
Ó mestre, fazei que eu procure mais consolar do que ser consolado. Compreender do que ser compreendido. Amar que ser amado. Pois, é dando que se recebe. É perdoando que se é perdoado; e é morrendo que se vive para a vida eterna.

6. VIVENDO A PALAVRA

✓ Converse com seus pais ou com outras pessoas sobre a parábola do bom samaritano.

✓ Esta semana, procure perceber se onde você mora existe alguém passando necessidade: desempregados, doentes, moradores de rua, pessoas que estejam em situação de depressão.

- O que você pode fazer por eles? Escolha uma ação concreta e partilhe no próximo encontro.

✓ Pesquise, também, em sua paróquia, se existe alguma pastoral social de ajuda aos necessitados. Como você poderá ajudar nessa missão?

LEMBRETE

✓ Anote a data e o horário da celebração da Eleição e dos escrutínios.

ANOTAÇÕES PESSOAIS

20º ENCONTRO

JESUS DOA A SUA VIDA POR AMOR

SE LIGA

JESUS DÁ SUA VIDA por cada um de nós para fazer com que nos sintamos amados e perdoados.

Neste encontro, vamos compreender mais profundamente o grande amor de Deus por nós: "Deus amou a tal ponto o mundo que deu o Seu Filho único para que todo o que Nele crer tenha a vida eterna" (Jo 3,16). Assim é possível compreender que "Nisto consiste o amor: não fomos nós que amamos a Deus, mas foi Ele quem nos amou e enviou-nos seu Filho como vítima de expiação por nossos pecados" (1Jo 4,10).

No seu gesto máximo, Jesus demonstra o que é amar, indo até as últimas consequências: doando a sua vida para nos libertar da escravidão do pecado.

Sensíveis a esse amor de Jesus por nós, somos convidados a buscar sempre mais, desenvolver atitudes de gratidão e de perdão. Vivendo como Jesus nos ensinou, teremos em nós as mesmas atitudes de amor, perdão, solidariedade para com os menos favorecidos, contribuindo para a construção de uma sociedade justa e fraterna, pois é da vontade do Pai que todo ser humano tenha vida e vida plena em Cristo.

1. OLHANDO PARA A VIDA

Converse com os colegas sobre o compromisso que assumiram no encontro anterior: o que você conseguiu fazer? Como você se sentiu?

Olhando para as três cruzes que seu catequista preparou, pense sobre:
- ✓ O que elas significam?
- ✓ Que tipo de sofrimento há no mundo? Para você, qual é a dor que mais machuca? O que mais faz as pessoas sofrerem?

O sofrimento atinge pessoas de todo o mundo. Até as crianças sofrem! Pela televisão, vemos cenas de pessoas sofrendo pelo preconceito, opressão e discriminação, muitos sofrem e até morrem como vítimas da guerra, da fome, do desemprego...

2. ORAÇÃO INICIAL

Neste encontro, vamos meditar sobre a vida de Jesus. A prova do seu amor por nós foram os seus gestos de amor, carinho e morte na cruz. Ele veio nos ensinar que – por meio do amor, da partilha e da solidariedade – podemos diminuir o sofrimento dos nossos irmãos e o nosso também.

- ✓ Faça o sinal da cruz e, em silêncio, peça ao Espírito Santo que abra o seu coração e sua mente para acolher e viver a Palavra de Deus.

3. ESCUTANDO A PALAVRA

- ✓ Proclamação do Evangelho segundo São Lucas 23,33-47.
- ✓ Leia duas vezes o texto proclamado, em silêncio.
- ✓ Repita uma frase do texto que chamou a sua atenção.

PENSE E ANOTE:

a) Sobre o que é o texto? Em que lugar o fato narrado acontece?

b) Quem são os personagens envolvidos e qual a participação de cada um deles no fato narrado? O que cada um faz?

c) Por que mataram Jesus?

4. MEDITANDO A PALAVRA

✓ Diante das atitudes de amor, perdão, misericórdia e da entrega total de Jesus nas mãos de Deus: o que você compreendeu da Palavra proclamada?

✓ Analisando o que Jesus ensina e o que nós vivemos, em que você precisa mudar?

✓ No mundo, no grupo, na comunidade em que vivemos, quais atitudes de Jesus precisam ser realizadas?

✓ Confrontando agora as suas atitudes com as de Jesus, qual a mudança que Jesus te pede?

● Faça suas anotações.

5. REZANDO COM A PALAVRA

O bom ladrão fez uma prece a Jesus pedindo que se lembrasse dele quando estivesse no paraíso, e Jesus atendeu ao seu pedido, dizendo: "Hoje mesmo, estarás comigo no paraíso"(Lc 23,43).

✓ Em silêncio, olhe para as cruzes que seu catequista trouxe para o encontro e pense: qual é o pedido que desejo fazer a Jesus hoje?

✓ Escreva sua oração e coloque-a próxima à cruz preparada por seu catequista.

✓ Olhando para as cruzes que estão ao lado da cruz de Jesus, reze silenciosamente pelas pessoas que mais sofrem.

Com seu grupo reze *Pai nosso...*

6. VIVENDO A PALAVRA

✓ Escreva o seu compromisso diante da Palavra meditada neste encontro.

✓ Comente com seus pais ou outras pessoas sobre o encontro de hoje, sobre o amor de Jesus por nós.
✓ Em sua comunidade, procure saber quais são os maiores sofrimentos do povo, quais são suas cruzes. O que as pessoas fazem para ajudar a aliviar o sofrimento das pessoas? E você, o que pode fazer?

✓ Confira os dias e horários para participar das celebrações e dos escrutínios. Não deixe de participar, é muito importante.

ANOTAÇÕES PESSOAIS

21º ENCONTRO

TRÍDUO PASCAL

SE LIGA

O ANO LITÚRGICO é um caminho que nos leva a viver melhor nossa vida cristã, a crescer na fé e a viver plenamente unidos a Cristo.

O Tríduo Pascal, ou seja, a Paixão, Morte e Ressurreição do Senhor é – para cada um de nós, para a Igreja – o ponto culminante, ou seja, o ponto mais elevado e expressivo da caminhada quaresmal e núcleo central do Ano Litúrgico. É a grande celebração dos cristãos, vivenciada em três momentos distintos: Páscoa da ceia, Páscoa da cruz, Páscoa da ressurreição. Como discípulos de Jesus que queremos ser, precisamos vivenciar com alegria esse momento importante e central da nossa fé cristã.

1. OLHANDO PARA A VIDA

Estamos próximos de celebrar a grande festa cristã: a Páscoa. Converse com seus colegas sobre o que veem neste tempo nas praças, nos shoppings, mercados.

- ✓ O que chama a atenção?
- ✓ Qual a relação de tudo isso com a Páscoa de Jesus?

2. ORAÇÃO INICIAL

Este encontro ajudará a preparar melhor a grande celebração da festa da Páscoa, da Paixão, Morte e Ressurreição de Jesus. É a grande semana, chamada de Semana Santa.

- ✓ Faça o sinal da cruz, iniciando este momento de oração.

- ✓ Olhe para os símbolos colocados na sala de encontro pelo seu catequista e comente: do que eles te lembram?
- ✓ Reze com seu grupo a oração do Pai-nosso.

3. ESCUTANDO A PALAVRA

- ✓ Proclamação do Evangelho segundo São Marcos 14,22–16,8.
- ✓ Leia o texto, com atenção às personagens e ao que é narrado.

PENSE E ANOTE:

a Quais os fatos, as situações, os gestos que você observou neste texto?

b O que chamou a sua atenção? Destaque as palavras e frases mais importantes ou aquelas que mais te tocaram.

4. MEDITANDO A PALAVRA

- ✓ O que a Palavra diz hoje para você? Quais sentimentos a Palavra proclamada provoca em você?
- ✓ O que o Evangelho que ouviu te ensina? Que atitudes novas inspira a realizar?
- ✓ Em sua casa e em nossa comunidade, como é vivida a Semana Santa? O que fazem? Você e sua família participam das celebrações?

● Faça suas anotações.

5. REZANDO COM A PALAVRA

✓ Faça silêncio e reflita sobre o que deseja dizer a Deus ou sobre o que sente necessidade de pedir.

✓ Eleve sua prece a Deus, que tanto nos ama, escrevendo a sua oração e depois partilhe com o grupo.

✓ Orientado pelo catequista, faça o gesto que mais se sentir motivado a fazer pelos símbolos apresentados no encontro.

> Encerrem este momento rezando juntos o texto bíblico de Filipenses 2,6-11. Após cada versículo digam: "Não existe amor maior do que dar a vida pelos seus amigos" (Jo 15,13).

6. VIVENDO A PALAVRA

✓ Como compromisso deste encontro, você irá motivar seus pais, amigos e colegas a participarem das celebrações do Tríduo Pascal.

LEMBRETE

✓ Anote os horários das celebrações do Tríduo Pascal.

22º ENCONTRO

VIGÍLIA PASCAL: PÁSCOA CRISTÃ

SE LIGA

A VIGÍLIA PASCAL é a celebração da Ressurreição de Cristo Jesus, a celebração maior de todas as celebrações.

As comunidades cristãs se reúnem ao entardecer ou noite adentro do sábado, até o amanhecer do domingo. É uma celebração muito rica em simbologia e compreende diversos momentos ou ritos que compõem o conjunto da celebração: a bênção do fogo; a preparação do Círio Pascal e o seu acendimento no fogo novo; a procissão entra na Igreja com o Círio Pascal anunciando a luz de Cristo ressuscitado, que nos guia e indica o caminho a seguir; a proclamação da Páscoa; a Liturgia da Palavra, com várias leituras do Antigo Testamento, lembra as ações de Deus em favor do povo; a liturgia batismal na qual é conferido o Batismo a crianças, jovens e adultos; a bênção da água batismal; a renovação das promessas do Batismo após a qual se realiza a aspersão do povo com água-benta; a Liturgia Eucarística, ápice da noite pascal. Esta celebração pascal tem como sua grande expressão o aleluia, o canto novo da vitória de Cristo e das comunidades sobre o mal e a morte.

1. OLHANDO PARA A VIDA

Converse sobre o compromisso que assumiu no encontro anterior:
- ✓ Conseguiu cumprir, como foi vivê-lo?
- ✓ Qual a festa mais importante na casa de vocês ou da comunidade ao longo do ano? Como é preparada essa festa?

2. ORAÇÃO INICIAL

Na Igreja, a festa mais importante é a Páscoa de Jesus, celebrada todos os anos na Vigília Pascal para relembrar que Cristo ressuscitou, venceu a morte e Nele temos vida nova de ressuscitados.

✓ Trace sobre você o sinal da cruz, pedindo ao Senhor para iluminar o encontro.

3. ESCUTANDO A PALAVRA

✓ Proclamação do texto bíblico de Rm 6,3-11.
✓ Leia o texto em silêncio, mantendo com atenção a cada palavra.

PENSE E ANOTE:

a) Do que se fala no texto?
b) O que chamou a sua atenção?
c) Selecione palavras, frases ou expressões do texto que considerar mais importantes.

_____
_____
_____
_____
_____
_____
_____
_____

4. MEDITANDO A PALAVRA

✓ O que o tema do encontro diz para você? Qual é o ensinamento que oferece?

Em grupo, sigam as orientações do catequista para realizar o que será solicitado, depois partilhem com os colegas.

Grupo 1 – Identificar os sinais de morte presentes nas comunidades, na sociedade, que não expressam a vida nova da ressurreição.

Grupo 2 – Identificar os sinais de vida nova, de ressurreição, presentes na vida das pessoas, dos grupos, das comunidades e da sociedade.

✓ Após as apresentações, coletivamente, respondam e anotem:
- Quais sinais de vida vocês consideram que precisam ser divulgados como exemplo para inspirar as pessoas?
- Quais sinais de morte vocês consideram que precisam ser urgentemente transformados em sinais de vida e como isso pode ser feito?

● Faça suas anotações.

5. REZANDO COM A PALAVRA

✓ Em atitude de oração, em silêncio, eleve a Deus sua prece, seu louvor, seu pedido. Escreva-a.

A sequência pascal é um hino que canta louvores a Cristo ressuscitado. É cantada na liturgia do domingo da Páscoa, após a segunda leitura, antes da proclamação do Evangelho.

- ✓ Participe do que seu catequista irá propor. Depois, reze com seu grupo a sequência pascal.

> 1. Cantai, cristãos, afinal: "Salve, ó vítima pascal!"
> Cordeiro inocente, o Cristo abriu-nos do Pai o aprisco.
> 2. Por toda ovelha imolado, do mundo lava o pecado.
> Duelam forte e mais forte: é a vida que vence a morte.
> 3. O Rei da vida, cativo, foi morto, mas reina vivo!
> Responde, pois, ó Maria: no caminho o que havia?
> 4. "Vi Cristo ressuscitado, o túmulo abandonado.
> Os anjos da cor do sol, dobrado no chão o lençol".
> 5. O Cristo que leva aos céus, caminha à frente dos seus!
> Ressuscitou, de verdade! Ó Cristo Rei, piedade!

6. VIVENDO A PALAVRA

- ✓ O que o encontro de hoje te convida a viver no dia a dia?
- ✓ Procure participar da Vigília da Páscoa com sua família. No próximo encontro, apresente ao grupo o que mais chamou sua atenção: como participou da celebração?

 **LEMBRETE**

- ✓ Anote o horário da celebração da Vigília Pascal.

ANOTAÇÕES PESSOAIS

MISTAGOGIA

23º ENCONTRO

JESUS NOS CHAMA A RESSUSCITAR COM ELE

🔘 SE LIGA

JESUS RESSUSCITADO, vivo e presente na história, nos chama a viver com Ele.

Todo o cristão é chamado a viver como pessoa ressuscitada, a cada dia, isto é, chamado a ressurgir, a se erguer ou levantar, renovando sua vida e suas opções.

Diante da realidade de morte presente no mundo, o ser humano se vê diante de violência, dor, desesperança. Mas a mensagem revelada pela história da cruz, vivida por Jesus, pode trazer um novo significado para a humanidade. A vida de ressuscitados garante aos que creem na história de Jesus que eles não estão sozinhos na vida, Jesus vivo e ressuscitado caminha ao seu lado e com a humanidade, fortalecendo a esperança de que a vida pode se renovar pela vivência da fé, pela promoção da justiça e da fraternidade, sinais do amor de Deus na história.

1. OLHANDO PARA A VIDA

Converse com o grupo sobre como viveu esta semana que passou:
- ✓ O que você fez? Como foi sua participação na celebração da Vigília Pascal?
- ✓ De tudo o que ouviu, viu e participou, o que mais marcou você?
- ✓ O que te ajudou a rezar e acompanhar esse mistério?

2. ORAÇÃO INICIAL

✓ Na alegria do Ressuscitado, trace sobre você o sinal da cruz e, com seu grupo, diga:

> *Jesus Cristo ressuscitado está vivo entre nós. Ele é a nossa alegria, é nossa esperança, é nossa vitória. Nos chama a segui-lo com amor e doação.*

3. ESCUTANDO A PALAVRA

✓ Proclamação do Evangelho segundo São Lucas 24,1-12.
✓ Leia o texto em sua Bíblia.

PENSE E ANOTE:

a) Qual é o tema do texto proclamado?
b) Quais são os personagens do texto?
c) O que fazem os personagens? O que dizem? Aonde foram? A quem procuravam? Encontraram-no? Em que dia aconteceu o fato narrado no texto?

_____
_____
_____
_____
_____

4. MEDITANDO A PALAVRA

✓ Qual palavra ou frase do Evangelho mais chamou a sua atenção?
✓ O que a Palavra diz para você? Para nosso grupo?
✓ Como você pode perceber que Jesus te chama para segui-lo?
✓ Que compromisso você pode assumir, diante do chamado de Jesus?

● Faça suas anotações.

_____
_____
_____
_____

5. REZANDO COM A PALAVRA

Procure sentir o olhar penetrante de Jesus sobre você. Ele chama você pelo seu nome. Jesus te convida para caminhar com Ele, pois precisa das suas mãos, dos seus lábios, dos seus pés, para anunciar a todos a mensagem do Reino, a mensagem do amor, a boa-notícia da Salvação: anunciar ao mundo quem é Ele.

✓ Em silêncio, faça sua oração pessoal, agradecendo a Deus ou pedindo perdão e suplicando, conforme o desejo de seu coração. Escreva sua oração e compartilhe com o grupo.

✓ Após cada um dizer sua oração, repitam juntos: *Jesus ressuscitado, dai-nos coragem para te seguir.*

✓ Reze com o grupo a sequência pascal.

Cantai, cristãos, afinal: "Salve, ó vítima pascal!"
Cordeiro inocente, o Cristo abriu-nos do Pai o aprisco.

Por toda ovelha imolado, do mundo lava o pecado.
Duelam forte e mais forte: é a vida que vence a morte.

O Rei da vida, cativo, foi morto, mas reina vivo!
Responde, pois, ó Maria: no caminho o que havia?

"Vi Cristo ressuscitado, o túmulo abandonado.
Os anjos da cor do sol, dobrado no chão o lençol".

O Cristo que leva aos céus caminha à frente dos seus!
Ressuscitou, de verdade! Ó Cristo Rei, piedade!

6. VIVENDO A PALAVRA

✓ Como compromisso, nesta semana, contar aos pais e aos colegas o que você aprendeu no encontro.

✓ Reze em família, pedindo para poder seguir o caminho para o qual Jesus ressuscitado nos convida.

LEMBRETE

ANOTAÇÕES PESSOAIS

24º ENCONTRO

O RESSUSCITADO NOS ENVIA SEU ESPÍRITO

SE LIGA

JESUS, APÓS REALIZAR SUA MISSÃO, volta ao Pai, mas deixa o Espírito Santo para nos animar.

Jesus, antes de voltar para junto ao Pai, diz aos seus discípulos: "Não vos deixarei órfãos, enviarei a vocês o paráclito, o Espírito. Ele vos ensinará todas as coisas" (Jo 14,18). O Espírito, prometido por Jesus é derramado sobre a Igreja nascente, sobre os apóstolos, para que deem testemunho da ressurreição. É em Pentecostes que o Senhor ressuscitado enviou aos apóstolos o seu Espírito, que é o Espírito de Deus Pai, para que sejam fortes e corajosos no anúncio de Jesus ressuscitado e para fazer com que sua mensagem fosse ouvida por pessoas de diversas línguas, povos e nações.

1. OLHANDO PARA A VIDA

Converse com o grupo sobre:
- ✓ O que aconteceu de bom, de bonito, durante a semana com você, com sua família?
- ✓ Como viveu o compromisso do encontro anterior?

Neste encontro, você conhecerá a promessa de Jesus de nos enviar o seu Espírito Santo.
- ✓ Você já ouviu falar sobre o Espírito Santo?
- ✓ Sabe dizer quem é e o que Ele faz em nossas vidas?

2. ORAÇÃO INICIAL

✓ Toque a água que seu catequista preparou e faça o sinal da cruz.

✓ Em silêncio, prepare sua mente e seu coração para escutar o que o Espírito Santo tem a te dizer e para receber a sua luz e força.

3. ESCUTANDO A PALAVRA

✓ Proclamação do texto bíblico de At 2,1-13.

✓ Leia o texto, por versículos, espontaneamente.

PENSE E ANOTE:

a O que você achou mais interessante nesse acontecimento?

4. MEDITANDO A PALAVRA

✓ A partir do que leu no texto bíblico e da reflexão realizada, o que a Palavra te ensina? O que significa isso para você?

✓ Que atitudes é preciso cultivar para dar espaço para o Espírito Santo agir?

✓ Quais são os sinais da presença e da força do Espírito Santo em nossa família, em nossa comunidade e na vida das pessoas?

✓ Qual a relação desse relato com Jesus ressuscitado?

● Faça suas anotações.

5. REZANDO COM A PALAVRA

✓ O que a Palavra faz você dizer a Deus?

✓ Seguindo a orientação de seu catequista, faça a sua oração a Deus e, espontaneamente, compartilhe com o grupo.

✓ Após todos dizerem sua oração pessoal, rezem juntos:

Ó Deus, Tu nos amas com amor infinito. Nós te pedimos, derrama em nossos corações a graça do teu Espírito, para que renove nossa vida, refaça nossas energias, ilumine nossa mente, aqueça nosso coração e nos dê um novo jeito de viver. Ó Deus, fonte de toda sabedoria, derrama sobre nós a luz do teu Espírito, para que possamos ser corajosos em viver e anunciar a tua Palavra. Por Cristo, nosso Senhor. Amém.

6. VIVENDO A PALAVRA

✓ Como compromisso da semana, em casa, com sua família, leia o texto bíblico meditado no encontro. Reze e partilhe o que o Espírito inspirar a cada um.

LEMBRETE

25º ENCONTRO

OS FRUTOS DO ESPÍRITO SANTO EM NOSSA VIDA

SE LIGA

COMO PESSOAS CRISTÃS, devemos fazer a diferença no mundo em que vivemos.

O Senhor ressuscitado nos enviou seu Espírito e deseja que, com os dons recebidos, possamos produzir frutos de vida, de esperança, de amor, de fraternidade.

Os frutos do Espírito Santo na vida do cristão, têm como finalidade que todas as suas obras sejam manifestação da presença de Deus e de seu amor e reveladores dos ensinamentos de Jesus Cristo.

Assim pode-se dizer que a vida de Jesus e dos seus seguidores é como uma árvore que cresce, amadurece e dá frutos. Aqueles que o seguem, à medida que ampliam o conhecimento de seus ensinamentos e os praticam, crescem com Jesus, e o Espírito Santo transforma suas vidas, tornando-os mais maduros.

1. OLHANDO PARA A VIDA

Converse com o grupo sobre:
- ✓ Como você viveu esta semana?
- ✓ Quais compromissos assumiu e como fez para cumpri-los?

2. ORAÇÃO INICIAL

Neste encontro, vamos refletir sobre os frutos do Espírito Santo. Jesus enviou seu Espírito a cada um de nós. Quando acolhido em nossa vida, o Espírito produz muitos frutos.

✓ Faça o sinal da cruz e peça a luz do Espírito Santo sobre você e o seu grupo.

3. ESCUTANDO A PALAVRA

✓ Proclamação do texto bíblico de Gl 5,16-26.
✓ Releia o texto mais uma vez, seguindo a orientação do catequista.

PENSE E ANOTE:

a Qual o convite, o apelo, que a Palavra que ouvimos faz para você e para o grupo?

b O que mais chamou a sua atenção?

4. MEDITANDO A PALAVRA

✓ O que a reflexão sobre a Palavra de Deus diz para você hoje? E para todos nós, como Igreja de Jesus?
✓ Quais os apelos que o texto faz a você?
✓ Você percebe os frutos do Espírito nos cristãos batizados e confirmados?
✓ Como são vividos os frutos do Espírito Santo nos dias de hoje?

● Faça suas anotações.

5. REZANDO COM A PALAVRA

✓ O que a Palavra de Deus proclamada hoje faz você dizer a Deus? Escreva sua resposta.

✓ Siga a orientação do catequista para fazer sua prece pessoal. Depois, com seu grupo, rezem pedindo ao Senhor que envie sobre vocês o seu Espírito para nos animar e fortalecer.

Ó Deus, por teu Espírito Santo animaste a vida e a missão dos primeiros discípulos de Jesus. Ilumina com o mesmo Espírito os nossos corações e acende neles o fogo do teu amor, para que sejamos testemunhas de tua Palavra e possamos produzir os frutos de vida, de amor, de fraternidade, de alegria que nos ensinaste. Pedimos isso em nome de Jesus, nosso Senhor. Amém.

6. VIVENDO A PALAVRA

✓ Como compromisso deste encontro, escolha um dos frutos do Espírito para viver mais intensamente ao longo da semana, convidando a família a participar desse compromisso, vivendo-o com você.

LEMBRETE

26º ENCONTRO

BEM-AVENTURANÇAS, CAMINHO DE FELICIDADE

🔘 SE LIGA

AS BEM-AVENTURANÇAS são o caminho apontado pelo próprio Cristo para a felicidade e a santidade.

As bem-aventuranças não são um caminho a ser percorrido individualmente, elas devem gerar um pensamento coletivo, pois é preciso, por exemplo, promover a paz a todos e querer que a justiça seja também para todos. Seremos bem-aventurados se buscarmos, como comunidade, unida pelo Espírito Santo recebido no Sacramento da Crisma, o caminho da felicidade plena. Esse desejo de vida e felicidade é de origem divina, pois Deus colocou no coração da pessoa, a fim de atrai-lo, pois só Ele pode satisfazê-lo.

1. OLHANDO PARA A VIDA

Converse com seu grupo sobre:
- ✓ O que você recorda do encontro anterior e dos compromisso assumidos?
- ✓ O que você entende por felicidade?

2. ORAÇÃO INICIAL

- ✓ Inicie este nosso encontro fazendo o sinal da cruz.

3. ESCUTANDO A PALAVRA

✓ Proclamação do Evangelho segundo São Mateus 5,1-13.

✓ Leia em silêncio o texto, parando nas palavras que despertam sua atenção.

PENSE E ANOTE:

(a) Quais palavras mais chamaram a sua atenção?

(b) Quem são os convidados a participar do Reino de Deus?

(c) Quais as graças garantidas para aqueles que procuram seguir cada bem--aventurança?

4. MEDITANDO A PALAVRA

✓ Você se identifica com as bem-aventuranças? Qual delas mais chamou sua atenção?

✓ Você conhece algum familiar, amigo ou alguém de nossa Igreja que vive as bem-aventuranças? De que modo essa pessoa as vive?

✓ Vale a pena seguir e praticar as bem-aventuranças? Por quê?

● Faça suas anotações.

5. REZANDO COM A PALAVRA

✓ Escolha uma das bem-aventuranças para assumir como missão para sua vida. Escreva uma oração pedindo ao Senhor para te ajudar a vivê-la.

Reze com o grupo o Salmo 16(15) e a oração do Pai-nosso.

6. VIVENDO A PALAVRA

✓ Em família, leia a passagem bíblica do encontro e anote o que cada um entende por felicidade.

✓ Convide cada pessoa da família para assumir também uma bem-aventurança de modo concreto.

LEMBRETE

27º ENCONTRO

O ESPÍRITO NOS ENSINA A SERMOS PROMOTORES DA VIDA

SE LIGA

JESUS DEMONSTROU que sua missão era que todos tivessem vida em abundância.

Durante sua vida, Jesus demonstrou, várias vezes, que sua missão era dar a vida por suas ovelhas (cf. Jo 10,11) e que fosse vida em abundância (cf. Jo 10,10). Assim, carregamos dentro de nós o sopro da vida, o Espírito de Deus, que é confirmado na Crisma. Então, somos conclamados, ou seja, chamados a realizar ações e gestos que defendam e promovam a vida de todos, sem preconceitos ou distinção de pessoas, pobres, ricas, jovens ou idosas. Esse é o desejo de Deus, desde o início da vida e da criação. O sopro de Deus deu vida à criação e à pessoa humana.

1. OLHANDO PARA A VIDA

Converse com o grupo sobre a semana que passou e como concretizou o compromisso assumido no encontro anterior.

2. ORAÇÃO INICIAL

Em silêncio, lembre-se dos dons que Deus te deu: a vida, a família, os amigos, o seu Espírito e tantos outros. Lembre-se também das pessoas que ajudam você.
- ✓ Faça o sinal da cruz e, com uma breve oração, agradeça a Deus o dom da vida de todas essas pessoas, irmãos e irmãs.

3. ESCUTANDO A PALAVRA

✓ Proclamação do Evangelho segundo São Mateus 25,31-46.

✓ Leia, em silêncio, o texto proclamado.

PENSE E ANOTE:

a O que acontece na passagem lida?

b O que acontece com as ovelhas? Por quê?

c E com os cordeiros, o que acontece? Por que são afastados?

4. MEDITANDO A PALAVRA

✓ Os cordeiros/benditos no texto proclamado foram convidados a participar do Reino celeste por terem feito boas obras. Quais são as boas obras que você pode fazer no dia a dia?

✓ As árvores, plantas e flores também são sinais de vida, florescem e embelezam o nosso mundo. Como é cuidada e protegida a criação de Deus? Qual é a sua participação?

✓ Como podemos ser promotores da vida em nossa família, na escola, no grupo de amigos e na comunidade paroquial? E o que você pode fazer pela preservação do meio ambiente?

● Faça suas anotações.

5. REZANDO COM A PALAVRA

✓ Coloque-se na presença de Deus e agradeça o dom da sua vida, da sua família e de tudo o que é e tem. Escreva sua oração a Deus, reze e depois partilhe com o grupo.

Siga as orientações do catequista para este momento. Depois, reze com o grupo o Salmo 103(102).

6. VIVENDO A PALAVRA

✓ Muitos são os irmãos necessitados, que precisam de ajuda espiritual e material. Como podemos ser promotores da vida?

✓ Nossa Igreja tem pastorais sociais que ajudam alguns desses irmãos? Quais são? Faça uma pesquisa para saber e procurar contribuir com algo que possa ajudar as famílias assistidas pela comunidade.

LEMBRETE

28º ENCONTRO

A MISSA: CELEBRAÇÃO DO POVO DE DEUS

 SE LIGA

O POVO DE DEUS é o povo de batizados convocados para a ceia do Senhor.

Reunidos em nome do Senhor, celebramos nossa fé, participamos da reunião da comunidade, da missa, com orações, palavras, cantos, gestos e sinais para rezar, pedir, louvar e dar graças ao Cristo vivo que está em nosso meio.

A Missa maior, oração do cristão, maior oração da Igreja, é chamada de Celebração Eucarística. Nela, somos alimentados com o pão da Palavra e o pão da Eucaristia: Corpo e Sangue do Senhor Jesus.

1. OLHANDO PARA A VIDA

Partilhe com o grupo como você concretizou o compromisso do encontro anterior.

Observe as fotos de celebrações da comunidade que seu catequista apresentar e identifique os gestos e momentos litúrgicos nelas registrados. Depois converse com seu grupo:
- ✓ O que você sabe sobre a missa?
- ✓ Qual o significado da missa para você?
- ✓ Tem o costume de participar da missa?

2. ORAÇÃO INICIAL

- ✓ Trace o sinal da cruz e reze com o seu grupo:

Catequista: Em nome do Pai e do Filho e do Espírito Santo.

Todos: Amém!

Catequista: A graça de nosso Senhor Jesus Cristo, o amor do Pai e a comunhão do Espírito Santo estejam conosco.

Todos: Bendito seja Deus, que nos reuniu no amor de Cristo.

3. ESCUTANDO A PALAVRA

✓ Proclamação do Evangelho segundo São Lucas 22,7-19.

✓ Leia o texto proclamado, em silêncio.

PENSE E ANOTE:

a) Partilhe com o grupo qual versículo ou palavra mais chamou a sua atenção.

b) Quais são os gestos de Jesus? Qual a missão deixada por Jesus aos seus discípulos?

4. MEDITANDO A PALAVRA

✓ O que significa para você o mandato de Jesus 'fazei isto em memória de mim'?

✓ Identifique na celebração da missa os gestos de Jesus quando se reunia com seus discípulos (comunidade).

● Faça suas anotações.

5. REZANDO COM A PALAVRA

✓ Em sua oração pessoal a Deus, reze pelas intenções da comunidade, por exemplo: pelos enfermos, pelos desempregados, pelos ministros, pelos falecidos e benfeitores. Escreva sua oração.

Reze com seu grupo, o Pai-nosso.

6. VIVENDO A PALAVRA

✓ Procure participar no próximo domingo da missa na comunidade e observe os gestos, sinais, símbolos e momentos do rito litúrgico. Anote o que mais achou interessante e gostou.

LEMBRETE

ANOTAÇÕES PESSOAIS

29º ENCONTRO

DOMINGO, O DIA DO SENHOR

SE LIGA

DOMINGO é o dia de celebrar a Páscoa semanal do cristão.

O terceiro mandamento da Lei de Deus nos diz: "Guardar domingos e festas". Conforme São João Paulo II destaca na sua carta encíclica *Dies Domini*, o domingo possui cinco características que todos os cristãos deveriam entender, pois é o dia do Senhor, dia de Cristo, dia da Igreja, dia do homem e dia dos dias. Portanto, com o Espírito Santo recebido no Sacramento da Crisma, somos motivados como família a respeitar e guardar esse dia tão especial para nós, pois nos lembra sobretudo o dia da Ressurreição do Senhor, nossa eterna Páscoa. Ainda mais, devemos lembrar que a festa do encontro semanal tem importância maior ao nos fazer lembrar que o Ressuscitado está em nosso meio, como cabeça da Igreja. Ele leva a plenitude a todos os seus membros, isto é, a todos nós que nos reunimos em torno da Palavra e da Eucaristia.

1. OLHANDO PARA A VIDA

Comente com seu grupo sobre:
- ✓ Quais foram as observações que realizou ao participar da missa dominical?
- ✓ Como é vivido o domingo na sua família?
- ✓ O que você sabe sobre a importância do domingo para os cristãos?

2. ORAÇÃO INICIAL

✓ Reze em silêncio, agradecendo pelos dons vivenciados durante a semana, frutos da participação na missa dominical.

3. ESCUTANDO A PALAVRA

✓ Proclamação do texto bíblico de Ef 1,15-23.
✓ Leia o texto bíblico, seguindo a orientação do catequista.

PENSE E ANOTE:

a) Quais são os desejos de Paulo para os cristãos que guardaram a fé na comunidade de Éfeso?

b) O que chamou a sua atenção nessa leitura?

_____
_____
_____

4. MEDITANDO A PALAVRA

✓ O que significa ser membro do corpo no qual Cristo é a cabeça? (cf. Ef 1,22-23).

Paulo inicia sua carta dizendo que se anima da fé da comunidade de Éfeso, pois são cheios de fé e de amor (cf. Ef 1,15-16).

✓ Como comunidade que se reúne no dia do Senhor, o que cada um de nós pode fazer para sermos como a comunidade sobre a qual Paulo escreve?
✓ Tendo compreendido que somos parte do Corpo de Cristo, como você pode valorizar mais o domingo, que é o dia do encontro com o Senhor?
✓ Como você e o grupo podem viver melhor o domingo?

● Faça suas anotações.

_____
_____
_____
_____
_____
_____
_____

5. REZANDO COM A PALAVRA

Cristo é a cabeça da Igreja, e nós, seus seguidores, discípulos missionários, somos os membros do seu corpo. Em nossas vidas, temos a "plenitude daquele que se plenifica em todas as coisas" (Ef 1,23). Somos sua Igreja, peregrina neste mundo, que anuncia a boa-nova da redenção: Cristo está vivo em cada um de nós, seu espírito vive e se move em nós.

✓ O que você quer dizer a Deus, a partir do texto da carta aos Efésios? Faça sua oração pessoal, dirigindo a Deus seu agradecimento por ser membro da Igreja, da qual Cristo é a cabeça.

6. VIVENDO A PALAVRA

✓ Converse, em casa, sobre a importância que damos ao domingo como dia do Senhor, dia da participação na comunidade, dia do encontro com os irmãos e irmãs.

✓ Neste próximo domingo, convide a família para participar da missa ou da celebração da sua comunidade, desse encontro de tantas famílias que formam o mesmo Corpo de Cristo.

LEMBRETE

ANOTAÇÕES PESSOAIS

30º ENCONTRO

DÍZIMO: UMA CONTRIBUIÇÃO DE AMOR

SE LIGA

HÁ MAIS FELICIDADE em dar do que em receber.

O dízimo é expressão, sobretudo, de um coração agradecido a Deus pelos dons recebidos e uma atitude de solidariedade para com a comunidade cristã. Para manter as atividades pastorais da Igreja, o dízimo é o sustento da evangelização. Para que a esperança do Evangelho chegue à vida das pessoas, são necessários recursos, estruturas. Tudo isso requer investimento financeiro. Enfim, a contribuição, a partilha por meio do dízimo, gera em cada cristão uma graça em particular, a graça da gratidão a Deus por tudo que recebemos gratuitamente.

1. OLHANDO PARA A VIDA

Converse com seu grupo sobre algum fato da vida, algo importante que aconteceu na semana.

✓ Você já ouviu falar sobre o dízimo? Você sabe se sua família é dizimista? Sabe dizer por que ser dizimista?

2. ORAÇÃO INICIAL

✓ Faça o sinal da cruz, para iniciar a oração, e reze com seu grupo:

Senhor Jesus, faça de mim um verdadeiro cristão, abra meu coração à generosidade e para que eu entenda que o dízimo é um dom para a comunidade que deseja crescer na fé e no amor. Amém.

3. ESCUTANDO A PALAVRA

✓ Proclamação do texto bíblico de 2Cor 9,6-10.
✓ Leia o texto bíblico, seguindo a orientação do catequista.

PENSE E ANOTE:

a) O que o texto diz para você? E para nosso grupo?
b) Qual frase tocou mais seu coração?
c) Quais personagens surgem durante a narrativa?

------

4. MEDITANDO A PALAVRA

✓ O que o Senhor quer dizer para você, por meio da Palavra?
✓ Para você, qual é a importância das palavras escritas na Bíblia sobre o dízimo?

• Faça suas anotações.

------

5. REZANDO COM A PALAVRA

Podemos expressar nossa gratidão a Deus pelas coisas boas que d'Ele recebemos diariamente.

✓ Reze com seu grupo a oração sobre o dízimo:

Pai bondoso, que tudo criastes por amor, nós vos damos graças pelas maravilhas da vida. Agradecemos pelos nossos pais e familiares, pela nossa Igreja e pela nossa comunidade de irmãos na fé. Pedimos que o vosso Espírito Santo de amor nos ilumine e nos oriente na fé e na nossa vocação de batizados. Que, desde cedo, aprendamos a ser fiéis na vida de oração e na fraternidade, partilhando nossas vidas na comunidade e dando o nosso testemunho de dizimistas mirins com amor e fidelidade. Por Jesus Cristo, vosso Filho e Senhor nosso. Amém!

✓ Por tudo o que ouviu e refletiu, em silêncio, repita três vezes: *Senhor, ensina-nos a partilhar.*

6. VIVENDO A PALAVRA

✓ Como compromisso, observe o que recebe gratuitamente de Deus e das pessoas, anote e traga para o próximo encontro.

✓ Que tal nosso grupo rever como está a proposta do dízimo, já assumida em outros encontros? Vamos reforçar essa ação, para o bem de todos e da comunidade.

LEMBRETE

ANOTAÇÕES PESSOAIS

ANEXOS

1

PRINCIPAIS ORAÇÕES DO CRISTÃO

Sinal da Cruz

Em nome do Pai e do Filho e do Espírito Santo. Amém.

Persignação

Pelo sinal da Santa Cruz †, livrai-nos, Deus, nosso Senhor, † dos nossos inimigos †.

Oferecimento do dia

Adoro-vos, meu Deus, amo-vos de todo o meu coração. Agradeço-vos porque me criastes, me fizestes cristão, me conservastes a vida e a saúde. Ofereço-vos o meu dia: que todas as minhas ações correspondam à vossa vontade. E que eu faça tudo para a vossa glória e a paz dos homens. Livrai-me do pecado, do perigo e de todo o mal. Que a vossa graça, bênção, luz e presença permaneçam sempre comigo e com todos aqueles que eu amo. Amém.

Pai-nosso

Pai nosso, que estais nos céus, santificado seja o vosso nome, venha a nós o vosso Reino, seja feita a vossa vontade, assim na terra como no céu. O pão nosso de cada dia nos dai hoje, perdoai-nos as nossas ofensas, assim como nós perdoamos a quem nos tem ofendido, e não nos deixeis cair em tentação, mas livrai-nos do mal. Amém.

Ave-Maria

Ave Maria, cheia de graça, o Senhor é convosco. Bendita sois vós entre as mulheres, e bendito é o fruto do vosso ventre, Jesus. Santa Maria, Mãe de Deus, rogai por nós, pecadores, agora e na hora de nossa morte. Amém.

Glória ao Pai

Glória ao Pai e ao Filho e ao Espírito Santo.
Como era no princípio, agora e sempre. Amém.

Salve Rainha

Salve, Rainha, mãe de misericórdia, vida, doçura, esperança nossa, salve! A vós bradamos, os degredados filhos de Eva. A vós suspiramos, gemendo e chorando neste vale de lágrimas. Eia, pois, advogada nossa, esses vossos olhos misericordiosos a nós volvei! E depois deste desterro, mostrai-nos Jesus, bendito fruto do vosso ventre. Ó clemente, ó piedosa, ó doce sempre virgem Maria!
℣. Rogai por nós, Santa Mãe de Deus!
℟. Para que sejamos dignos das promessas de Cristo.

Ângelus (Saudação à Nossa Senhora para o Tempo Comum)

℣. O Anjo do Senhor anunciou a Maria.

℟. E ela concebeu do Espírito Santo.

℣ Eis aqui a serva do Senhor.

℟. Faça-se em mim segundo a vossa Palavra.

℣. E o Verbo divino se fez carne.

℟. E habitou entre nós.

Ave, Maria...

℣ Rogai por nós, Santa Mãe de Deus.

℟. Para que sejamos dignos das promessas de Cristo.

Oremos: Infundi, Senhor, em nossos corações a vossa graça, a fim de que, conhecendo pela anunciação do Anjo, a encarnação de Jesus Cristo, vosso Filho, cheguemos pela sua paixão e morte à glória da ressurreição. Pelo mesmo Cristo, nosso Senhor. Amém. Glória ao Pai e ao Filho e ao Espírito Santo...

Rainha do Céu (Saudação à Nossa Senhora para o Tempo Pascal, em lugar do Ângelus)

℣. Rainha do céu, alegrai-vos. Aleluia.

℟. Porque aquele que merecestes trazer em vosso puríssimo seio. Aleluia.

℣. Ressuscitou como disse. Aleluia.

℟. Rogai por nós a Deus. Aleluia.

℣. Exultai e alegrai-vos, ó Virgem Maria. Aleluia.

℟. Pois o Senhor ressuscitou verdadeiramente. Aleluia.

Oremos: Ó Deus, que vos dignastes alegrar o mundo com a ressurreição do vosso Filho, nosso Senhor Jesus Cristo, concedei-nos, vo-lo suplicamos, a graça de alcançarmos pela proteção da Virgem Maria, sua Mãe, a glória da vida eterna. Pelo mesmo Cristo, nosso Senhor. Amém.

Creio

Creio em Deus Pai todo-poderoso, criador do céu e da terra, e em Jesus Cristo, seu único Filho, nosso Senhor, que foi concebido pelo poder do Espírito Santo; nasceu da Virgem Maria, padeceu sob Pôncio Pilatos, foi crucificado, morto e sepultado; desceu à mansão dos mortos, ressuscitou ao terceiro dia; subiu aos céus, está sentado à direita de Deus Pai todo-poderoso, de onde há de vir a julgar os vivos e os mortos. Creio no Espírito Santo, na santa Igreja Católica, na comunhão dos santos, na remissão dos pecados, na ressurreição da carne, na vida eterna. Amém.

Oração ao anjo da guarda

Santo Anjo do Senhor, meu zeloso guardador, se a ti me confiou a Piedade divina, sempre me rege, guarda, governa e ilumina. Amém.

Ato de contrição

Meu Deus, eu me arrependo de todo o coração de vos ter ofendido, porque sois tão bom e amável. Prometo, com a vossa graça, nunca mais pecar. Meu Jesus, Misericórdia!

Ato de contrição (2)

Senhor, eu me arrependo sinceramente de todo mal que pratiquei e do bem que deixei de fazer. Pecando, eu vos ofendi, meu Deus, e sumo bem, digno de ser amado sobre todas as coisas. Prometo firmemente, ajudado com a vossa graça, fazer penitência e fugir às ocasiões de pecar. Senhor, tende piedade de mim, pelos méritos da Paixão, morte e Ressurreição de Jesus Cristo, nosso Salvador. Amém.

Oração pela família

Pai, que nos protegeis e que nos destes a vida para participarmos de vossa felicidade, agradecemos o amparo que os pais nos deram desde o nascimento. Hoje queremos vos pedir pelas famílias, para que vivam a união e na alegria cristã. Protegei nossos lares do mal e dos perigos que ameaçam a sua unidade. Pedimos que o amor não desapareça nunca e que os princípios do Evangelho sejam a norma de vida. Pedimos pelos lares em dificuldades, em desunião e em perigo de sucumbir, para que, lembrados do compromisso assumido na fé, encontrem o caminho do perdão, da alegria e da doação. A exemplo de São José, Maria Santíssima e Jesus, sejam nossas famílias uma pequena Igreja, onde se viva o amor. Amém.

Oração de São Francisco de Assis

Senhor, fazei-me instrumento de vossa paz.
Onde houver ódio, que eu leve o amor;
Onde houver ofensa, que eu leve o perdão;
Onde houver discórdia, que eu leve a união;
Onde houver dúvida, que eu leve a fé;
Onde houver erros, que eu leve a verdade;
Onde houver desespero, que eu leve a esperança;
Onde houver tristeza, que eu leve a alegria;
Onde houver trevas, que eu leve a luz!
Ó Mestre,
Fazei que eu procure mais:
consolar, que ser consolado;
compreender, que ser compreendido;
amar, que ser amado.
Pois é dando que se recebe,
é perdoando que se é perdoado,
e é morrendo que se vive para a vida eterna!
Amém.

Oração de consagração a Maria

Ó Senhora minha, ó minha Mãe, eu me ofereço todo a vós e, em prova da minha devoção para convosco, eu vos consagro, neste dia, e para sempre, os meus olhos, meu ouvidos, minha boca, meu coração e, inteiramente, todo o meu ser: e por que assim sou vosso(a), ó incomparável Mãe, guardai-me, defendei-me como filho(a) e propriedade vossa. Amém.

Magnificat
(Cântico de Nossa Senhora)

A minha alma glorifica ao Senhor
e o meu espírito se alegra em Deus, meu Salvador.
Porque pôs os olhos na humildade da sua serva:
de hoje em diante, me chamarão bem-aventurada todas as gerações.
O todo-poderoso fez em mim maravilhas:
Santo é o seu nome.
A sua misericórdia se estende de geração em geração
sobre aqueles que o temem.
Manifestou o poder do seu braço
e dispersou os soberbos.
Derrubou os poderosos de seus tronos
e exaltou os humildes.
Aos famintos encheu de bens,
e aos ricos despediu de mãos vazias.
Acolheu a Israel, seu servo,
lembrado da sua misericórdia,
Como tinha prometido a nossos pais,
a Abraão e à sua descendência para sempre.
Glória ao Pai e ao Filho e ao Espírito Santo.
Como era no princípio, agora e sempre.
Amém.

Cântico de Zacarias
(da Liturgia das Horas)

Bendito seja o Senhor Deus de Israel,
porque a seu povo visitou e libertou;
e fez surgir um poderoso Salvador
na casa de Davi, seu servidor,
como falara pela boca de seus santos,
os profetas desde os tempos mais
antigos,
para salvar-nos do poder dos
inimigos
e da mão de todos quantos nos odeiam.
Assim mostrou misericórdia a
nossos pais,
recordando a sua santa Aliança
e o juramento a Abraão, o nosso pai,
de conceder-nos que, libertos do
inimigo,
a Ele nós sirvamos sem temor
em santidade e em justiça diante dele,
enquanto perdurarem nossos dias.
Serás profeta do Altíssimo, ó menino,
pois irás andando à frente do Senhor
para aplainar e preparar os seus
caminhos,
anunciando ao seu povo a salvação,
que está na remissão de seus pecados;
pela bondade e compaixão de nosso
Deus,
que sobre nós fará brilhar o Sol
nascente,
para iluminar a quantos jazem entre
as trevas
e na sombra da morte estão sentados
e para dirigir os nossos passos,
guiando-os no caminho da paz.
Glória ao Pai e ao Filho e ao
Espírito Santo.
Como era no princípio, agora e
sempre. Amém.

Invocação ao Espírito Santo

℣. Vinde, Espírito Santo, enchei os corações dos vossos fiéis e acendei neles o fogo do vosso amor.

℟. Enviai, Senhor, o vosso Espírito, e tudo será criado, e renovareis a face da Terra.

Oremos: Deus, que instruístes os corações dos vossos fiéis com a luz do Espírito Santo, fazei que apreciemos retamente todas as coisas, segundo o mesmo Espírito, e gozemos sempre de sua consolação. Por Cristo, Senhor nosso. Amém.

2

O QUE É IMPORTANTE VOCÊ CONHECER

Os mandamentos da Lei de Deus

1. Amar a Deus sobre todas as coisas.
2. Não tomar seu santo nome em vão.
3. Guardar domingos e festas.
4. Honrar pai e mãe.
5. Não matar.
6. Não pecar contra a castidade.
7. Não furtar.
8. Não levantar falso testemunho.
9. Não desejar a mulher do próximo.
10. Não cobiçar as coisas alheias.

Os sete pecados capitais

1. Soberba
2. Avareza
3. Inveja
4. Ira
5. Luxúria
6. Gula
7. Preguiça

Os mandamentos da Igreja

1. Participar da missa nos domingos e festas de guarda.
2. Confessar-se ao menos uma vez ao ano.
3. Comungar ao menos pela Páscoa da Ressurreição.
4. Jejuar e abster-se de carne, conforme manda a Igreja.
5. Contribuir com o dízimo.

Os sacramentos

1. Batismo
2. Crisma ou Confirmação
3. Eucaristia
4. Penitência ou Reconciliação
5. Ordem ou Sacerdócio
6. Matrimônio
7. Unção dos enfermos

As virtudes teologais

1. Fé
2. Esperança
3. Caridade

As virtudes capitais

1. Temperança
2. Humildade
3. Castidade
4. Generosidade
5. Diligência
6. Caridade
7. Paciência

As obras de misericórdia corporais

1. Dar de comer a quem tem fome.
2. Dar de beber a quem tem sede.
3. Vestir os nus.
4. Dar pousada aos peregrinos.
5. Assistir aos enfermos.
6. Visitar os presos.
7. Enterrar os mortos.

As obras de misericórdia espirituais

1. Dar bom conselho.
2. Ensinar os ignorantes.
3. Corrigir os que erram.
4. Consolar os aflitos.
5. Perdoar as injúrias.
6. Sofrer com paciência as fraquezas do nosso próximo.
7. Rogar a Deus por vivos e defuntos.

Conecte-se conosco:

 facebook.com/editoravozes

 @editoravozes

 @editora_vozes

 youtube.com/editoravozes

 +55 24 2233-9033

www.vozes.com.br

Conheça nossas lojas:
www.livrariavozes.com.br

Belo Horizonte – Brasília – Campinas – Cuiabá – Curitiba
Fortaleza – Juiz de Fora – Petrópolis – Recife – São Paulo

  Vozes de Bolso

EDITORA VOZES LTDA.
Rua Frei Luís, 100 – Centro – Cep 25689-900 – Petrópolis, RJ
Tel.: (24) 2233-9000 – E-mail: vendas@vozes.com.br